电视节目模式国际贸易与电视节目产业发展

International Trade in TV Formats and Development of TV Program Industry
—Motivations, Influences and Case Studies on China

罗立彬 著

经济管理出版社
ECONOMY & MANAGEMENT PUBLISHING HOUSE

图书在版编目（CIP）数据

电视节目模式国际贸易与电视节目产业发展：动因、影响与中国案例／罗立彬著. —北京：经济管理出版社，2020. 5

ISBN 978-7-5096-7131-3

Ⅰ. ①电… Ⅱ. ①罗… Ⅲ. ①电视节目制作—模式—影响—文化产业—国际贸易—研究—中国②电视节目—文化产业—产业发展—研究—中国 Ⅳ. ①G229. 2

中国版本图书馆 CIP 数据核字（2020）第 087194 号

组稿编辑：王光艳
责任编辑：魏晨红
责任印制：黄章平
责任校对：张晓燕

出版发行：经济管理出版社
（北京市海淀区北蜂窝 8 号中雅大厦 A 座 11 层　100038）
网　　址：www. E-mp. com. cn
电　　话：（010）51915602
印　　刷：三河市延风印装有限公司
经　　销：新华书店
开　　本：720mm×1000mm /16
印　　张：10
字　　数：180 千字
版　　次：2020 年 5 月第 1 版　　2020 年 5 月第 1 次印刷
书　　号：ISBN 978-7-5096-7131-3
定　　价：68. 00 元

前 言

随着中国经济的迅速发展及其在世界经济总量中比重的提升，中国的文化市场正在迅速崛起并成为全球文化市场的重要组成部分，甚至在不久的将来有可能成为全球第一大文化市场。但是，中国的人均 GDP 仍处于中等水平，本土创意和创新生产要素的供给并不占优势；另外，中华文化历史悠久，中国社会仍然保留着较明显的中华文化传统，与西方文化之间仍有明显差异。上述几个特点对中国的文化产业和贸易发展均产生重要影响。首先，文化产品生产的规模经济效应十分明显，中国国内巨大的市场可能支撑起有巨额投资的优质文化产品，进而使中国文化产品以及中华文化有了产生国际竞争力和影响力的本地市场效应基础；其次，中国本土的创意创新生产要素以及环境都仍在变化的改进过程中，对于文化产品这种具备一定非经济属性的产品而言，保护还是开放会是一个具有重要争议的问题；最后，中国已经融入了当下这个全球化的世界里，因此世界范围内文化领域的重大变化一定会对中国产生影响，且形成反馈再影响世界。

电视节目模式国际贸易最早是在 20 世纪 50 年代开始出现，21 世纪后开始迅速发展。从经济学者的角度看，电视节目模式国际贸易从无到有再到发展繁荣是电视节目产业领域一个重大的革命性现象，因为它涉及经济增长最根本的源泉之一：分工与专业化深化。电视节目模式是节目制作流程，原本是内嵌于电视节目成品中，如今它单独被分解出来，成为一种可供单独交易的产品，这是典型的分工与专业细化，它可以带来整个电视节目产业的结构重组；而当电视节目模式的贸易跨越国界，形成国际贸易的时候，其产生的影响就会涉及更多方面。由于电视节目本身属于文化产品，因此电视节目模式的国际贸易就必然会涉及全球化过程中的文化多样性、本土文化发展与保护等诸多与产业发展相关但又不完全是经济方面的问题，这使得电视节目模式国际贸易成为文化经济学研究的一个具有重要理论意义的现象。当这一重要现象再以中国为背景，则又变得更加有趣和有意义，因为中国有鲜明的文化特征，中国是全球最大的电视节目市场之一，也是全球第二大经济体，中国多年来通过深度融入全球化实现了经济的起飞，因此是否能够通过深度融入文化产业全球化趋势而实现中国文化产业国际竞争力提升以及中华文化国际影响力扩大，是一个各方密切关注且存在诸多争议的问题。

笔者正是被这一具有重要理论与现实意义的问题所吸引，在观察全球电视节目贸易以及近年来中国电视节目模式贸易现象的基础上，希望从经济学者的角度出发，运用经济学理论对电视节目模式国际贸易为全球以及中国电视节目产业发展带来的影响进行全面深入的分析和解读，并希望以此为例，为中国利用全球化外部机遇和独特国情跨越式发展文化产业提供启示。

本书的研究发现，电视节目模式国际贸易是全球电视节目产业全球化过程中的一个革命性现象，它在一定程度上缓解了文化产业“多样性”和“规模性”之间的矛盾，在提高生产效率的同时，也导致了电视节目多样性的回归；中国具备“人均中等、总量第二、文化有特色”的独一无二的基本国情，有能力在全球范围内集结优势资源，包括引进国际化的电视节目模式，生产具有中华文化特色的文化产品和服务，充分挖掘中国文化产业发展潜力，并利用巨大国内市场规模支撑起优质文化产品和服务的生产成本，在推进国内文化产业发展的同时又迅速形成国际竞争力，甚至推动出口；独特国情决定了中国在上述方面是全球最具备优势的经济体。在过去若干年中，引进节目模式也的确在促进中国电视节目产业发展和中国电视节目出口方面发挥了重要作用，它迅速促进了中国电视节目的出口，对中国电视节目模式原创能力的提升有重要作用，也提高了中国电视节目的受欢迎程度和多样性。电视节目模式国际贸易帮助相关政策在文化保护、产业保护以及开放效率三个方面找到一个新的平衡。

本书的结构安排如下：

第一章是引言，介绍本书的选题背景、理论基础、相关文献综述以及本书研究的几点启示。

第二章介绍电视节目模式国际贸易的历程与现状。电视节目模式是20

世纪 50 年代开始出现的一种现象。21 世纪以来，电视节目模式国际贸易开始迅速发展，中国从 1998 年开始首次正式引进国外电视节目模式，2010~2014 年大量引进节目模式，2014 年之后又步入了一个新阶段。

第三章从理论上分析电视节目模式国际贸易迅速发展的动因及其对全球电视节目产业的影响。我们认为，需求、供给以及交易成本的变化是 21 世纪以来电视节目模式国际贸易规模扩大的主要背景和动因；模式贸易的发展带来了电视节目产业在全球范围内分工和专业化的深化，将规模经济效应、劳动分工与专业化效应及服务外包效应从电视节目播出领域拓展到制作领域，帮助解决了电视节目产业“文化多样性”和“产业标准化”之间的矛盾，在满足产业效率提升的同时促使文化多样化的回归，在一定程度上有可能缓解甚至改变电视节目成品领域“单向流动”的现状；而节目模式贸易背景下发生的合作学习效应、成本倒逼效应以及环境培育效应可以帮助后进国家或地区的电视节目产业实现跨越式发展，实现从进口模式到原创模式的过渡。

第四章分析引进节目模式对中国电视节目出口的影响。本章以中国为案例，从理论和实证两个层面分析电视节目模式国际贸易对中国电视节目产业和贸易的影响，并希望对中国发展文化产业和对外文化贸易提出启示。分析表明，电视节目模式引进可以带来风险降低效应、市场开拓效应和平台效应以促进电视节目出口，而“本地市场效应”“文化折扣”或“节目进口壁垒”为上述机制的实现提供了有利条件；中国就是具备这些有利条件的国家，因此通过引进节目模式和本土化内容制作，中国电视节目出口可以实现跨越式发展。本章在对上述理论机理进行论证的基础上，运用 2006~2015 年中国大陆综艺节目出口新加坡的实证分析对其进行验证，表明模式的引进加上本地市场效应使中国大陆综艺节目迅速取代中国台湾地区，在新加坡进口综艺节目中居主要地位。

第五章分析中国电视节目模式引进对原创模式形成的作用。本章认为，电视节目模式的引进会产生合作学习效应、部分原创效应、环境培育效应和成本倒逼效应，推进模式引进国模式原创能力的提升。通过灿星公司的案例对上述效应进行验证，并针对引进模式和原创模式在当前中国的地位、模式设计方和内容制作方在价值链中的地位以及当前中国限制模式引进的政策进行了评论，认为中国电视节目产业的状况决定了在较长时间内中国将是模式的净进口国；模式设计方与内容制作方在价值链中的地位并不确定，取决于各自所处的市场结构。同时，也对当前中国相关政策进行了评论。

第六章用 341 个中国综艺节目样本对引进节目模式是否提升节目点击率进行了实证分析。在控制了电视台、明星影响力、模式来源国、节目类型、是否续季、是否黄金时段播出、是否周末播出、播出年份等因素的情况下，我们发现引进节目模式确实对中国综艺节目的受欢迎程度产生了显著的正向影响，进一步控制了模仿类模式节目并分年份子样本回归后，这一显著正向影响依然存在，但逐年下降，说明中国原创节目受欢迎程度也在逐年提升。文章对引进模式提升节目受欢迎程度的影响机理进行了理论解释，并对相关政策实践进行了评论。

第七章研究引进节目模式与中国电视节目多样化的关系。运用 2012~2016 年九大电视台的节目播出数据，实证分析了中国电视节目多样化的发展趋势，并讨论了其与引进节目模式的关系。我们并未发现引进节目模式导致中国电视节目同质化的证据，相反很多引进节目模式带来了新的节目类型，在很大程度上促进了中国综艺节目的多样化。本章对引进模式带来节目多样化的机理进行了理论解释，认为模式国际贸易带来节目模式与内容在国际范围内分工发展，使“差异性”成为独立目标，解决了模式创新被“搭便车”的问题；模式国际贸易的出现改变了节目制作规模经济发生的条件，小制作节目也可能通过模式贸易在世界各地获取更多收入，并积累成一个可以支撑模式研究成本的收入水平，使创新和差异性在世界各地“点式”出现，并最终导致专门以“模式创新”为目标的大型集团出现；“模式国际授权”促使研发方必须要在国际范围内推广差异性（Keane，2007），使差异化不仅在原创国实现，也推广到模式引进国；模式国际贸易的实践促进“模式版权保护机制”被推广到各国，帮助模式引进国逐步形成知识产权保护的需求和环境，使“差异化”创新具备更好、更稳定的制度环境。

目 录

第一章 引 言

第一节 选题背景

电视节目模式是以独特的叙事元素为核心，以具体的形式细节规定（如时间长度、布景、灯光、台词脚本、音乐、特效、主持人风格、制作安排等）为内容，且经过市场检验具有可移植性与可贸易性，能服务于特定节目内容再生产的制作程序。电视节目模式与电视节目成品不同，前者是后者的一个构成部分，后者是前者与电视节目内容相结合的产物。

电视节目模式国际贸易的出现并非新事物，第一个根据广播节目模式授权改编的电视节目是 BBC 于 1947 年 4 月 24 日现场直播的电视节目《无知是福》（*Ignorance is Bless*），它利用了美国纽约电台《无知的下场》（*It Pays to Be Ignorant*）的模式。而第一档真正跨国传播的电视节目模式则是《我的台词是什么》（*What's My Line?*），于 1950 年 2 月 2 日在 CBS 电视网播出。BBC 克隆了这档节目，于 1951 年 7 月 16 日在 BBC 开播（张建珍和彭侃，2013）。尽管如此，电视节目模式的迅速发展却是 21 世纪之后的事情，而近十年来，中国也开始陆续参与到电视节目模式的国际贸易当中，成为国际电视节目模式的重要引进方，也开始对外出口。

本书旨在研究电视节目模式国际贸易对于全球电视节目产业的影响，尤其是给中国电视节目产业带来的变化，并希望以此为案例，分析文化产业全球化中分工与专业化深化对全球文化产业的影响，以及文化产业开放对中国文化产业发展的影响，进而对中国文化产业及文化贸易发展的战略提出启示。

一、全球背景

21世纪以来，“电视节目模式”开始大量地从“成品电视节目”中分离出来成为独立的版权产品，并在国际范围内进行贸易，这成为全球电视节目产业领域的一个重要现象。对于文化产业研究者而言，这是一个非常令人激动的研究现象，因为这是一个典型的分工与专业化细化。在经济学和国际贸易理论研究中，“中间产品”可贸易性提升是“革命性”的现象。从亚当·斯密开始，其就是一个非常重要的研究对象。电视节目模式从节目成品中分离，成为独立中间产品且可贸易性提升，说明全球范围内的分工与专业化进一步渗透到了电视节目产业领域，而且中国近年来也加入了这一过程。这是文化产业领域的一个新现象，它的出现也带来许多新的问题值得研究。例如，如何解释“模式”从“成品节目”中分离出来的原因？这种趋势在多大程度上能够持续？它对全球电视节目产业会产生什么影响？为中国电视节目产业带来哪些机遇和挑战？它可否成为一个案例，对中国文化产业以及贸易的发展提供某些启示？一直以来，在文化贸易领域都很令人关注的问题是，一方面，人们关心中国的文化贸易是否能够借鉴货物贸易的成功道路——利用全球化机遇，通过深度融入全球价值链，利用“两种资源”“两个市场”实现成为贸易大国乃至贸易强国的目标？另一方面，人们又担心货物贸易的成功之路并不适合文化贸易，因为文化产品和服务具备某些“特殊性”，如“文化安全”问题。对电视节目模式国际贸易相关问题的研究，对于解答上述问题都可能有所帮助。

二、中国背景

中国的优势决定了电视节目模式国际贸易成为重要机遇。

1. 新时代发展文化贸易意义重大，而电视节目产业是重要组成部分

“十三五”规划中明确指出要“拓展发展动力新空间”，并将“培育出口新优势”作为拓展发展动力新空间的重要方式。指出要“加快培育以技术、标准、品牌、质量、服务为核心的对外经济新优势”“扩大服务出口”等。

发展对外文化贸易与“培育以技术、标准、品牌、质量、服务为核心的对外经济新优势”密切相关，文化产业被认为是环保、低耗能、高附加

值的智力密集型产业，发展对外文化贸易意味着我们要改变以往通过贸易来间接出口低成本劳动力的模式，转而要以对外贸易为载体，间接出口相对高端的生产要素，为生产要素获得更高报酬打下基础，是转变对外贸易增长模式的重要渠道；另外，发展对外文化贸易是通过商业手段来实现中国文化的对外传播，这对中国其他产业产品的形象宣传、品牌创建以及标准确立都可能发挥潜移默化的重要作用①。因此，国家重视发展文化贸易，2014 年 3 月，国务院发布了《关于加快发展对外文化贸易的意见》，其中明确指出“加快发展对外文化贸易，对于拓展我国文化发展空间、提高对外贸易发展质量，对于继续扩大改革开放、转变经济发展方式，对于稳增长促就业惠民生、提升国家软实力、全面建成小康社会具有重要意义”，并从总体要求、政策措施、组织领导等多个方面进行全面部署。与此相关地，“十三五”规划中也明确将“文化产业成为国民经济支柱产业”“中华文化影响持续扩大”列举在“十三五”期间经济社会发展的“主要目标”当中。

电视节目产业是核心文化产业的重要组成部分，也是市场规模最大的产业。2018 年中国广播电视总收入为 6952.14 亿元②，而同期全国电影票房收入为 609.76 亿元，演出市场总体规模 514.11 亿元③，中国游戏产业市场实际销售收入为 2144.4 亿元④。可见，电视节目产业是中国核心文化产业的重要组成部分，因此电视节目产业和贸易的发展对中国文化产业及贸易的发展也具有重要意义。

2. 中国具备独特国情，具备集结全球优势资源的独特优势，为电视节目模式国际贸易提供新机遇

当前中国具备独特的国情特征，有利于发挥独特优势，集结全球范围内的优势资源，发展本国的文化产业和文化贸易。这一独特国情就是“人均中等，总量第二，文化有特色”。“人均中等”说明中国发展文化产业和贸易仍然具有较大潜力，中国完全可以利用“经济总量第二”的巨大国内

① 例如，国外有研究表明美国电影在全世界的传播对于美国其他产业的品牌塑造和传播发挥重要作用。参见 Kery Segrave. American Films Abroad：Hollywood's Domination of the World's Movie Screens from the 1890s to the Present [M]. Mcfarland & Co Inc Pub，1997.

② 国家统计局网站，http：//data.stats.gov.cn/easyquery.htm? cn=C01，2020-01-29.

③ 中国演出行业协会. 2018 中国演出市场年度报告 [R]. 转引自新华网. 2018 年中国演出市场经济规模超 500 亿元 [EB/OL]. http：//www.xinhuanet.com//local/2019-11/08/c_1125210874.htm，2019-11-08.

④ 中国音数协游戏工委，伽马数据，国际数据公司（IDC）. 2018 年中国游戏产业报告 [EB/OL]. 前瞻网，https：//t.qianzhan.com/caijing/detail/181225-7266be8d.html，2020-01-29.

市场引力，吸引全球优势资源来生产“文化有特色”的文化产品，激发文化产业和服务的发展潜力，并形成出口竞争力。而电视节目模式国际贸易趋势的出现，为中国进一步发挥这种优势提供了非常好的条件。

中国的人均 GDP 在 1 万美元左右，按照世界银行的标准，仍属于中等收入经济体，文化产业发展仍具有较大潜力，随着中国人均收入水平的提高、闲暇时间的增多，中国文化产业发展的潜力还会不断释放；而中国又具有全球第二大且占比高达全球 16%的经济总量，这会对全球优势资源产生引力。“人均中等，总量第二”的国情是因为中国是世界第一人口大国，因此是“独一无二”的国情特征。我们用图 1-1 来描述中国这种独一无二的国情，横纵坐标分别代表 1987 年和 2017 年各国人均国民收入，同时选取一些典型国家，在图中用灰色圆点表示，其面积的大小代表 2017 年此经济体的经济总量占全球的比重。

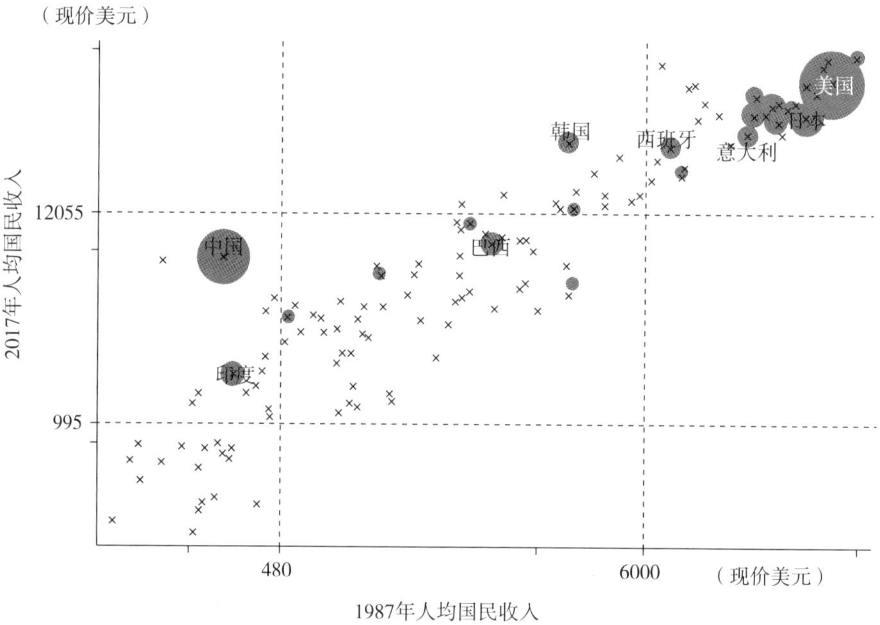

图 1-1　1987 年和 2017 年世界各国的人均国民收入以及 2017 年的 GDP 情况

资料来源：世界银行 WDI 数据库。

通过观察可知，1987～2017 年中国由低收入经济体迅速发展为中等收入经济体，而且正在向高收入经济体迈进。不仅如此，中国在中等收入水平下就成为世界最大经济体之一，这是中国“独一无二”的国情，它也使中国具备“独一无二”的优势：与同处于中等收入水平的其他经济体相比，中国对全球优势资源产生最大的吸引力；与经济总量更大的高收入经济体（如美国）相比，中国有更大的发展潜力。它使中国有条件将全球最优势的资源吸引过来并集结在一起，在中国形成生产能力，来释放中国的发展潜力。可以说，中国是全球范围内唯一具备这种条件的经济体。

具体到文化产业，中国还具备另一个关键的特征，即具备独特的文化特色和历史传统，我们运用霍夫斯泰德文化维度①，借鉴 W. Fu 和 Lee（2008）的方法，对六维度分数齐全的 80 个国家的文化距离进行计算，从远到近，中国排第 5，即使在亚洲，中国与美国的文化距离也属于较远的；再加上“人均中等，总量第二”的特征，中国有条件集结全球优势资源生产具备中国文化元素或文化特征的文化产品，并形成基于“本地市场效应”的出口优势，推动中国通过文化贸易出口来提升中华文化软实力。

电视节目模式国际贸易的出现就为中国发挥这种独特优势提供了一个非常好的机遇。理论上说，中国的“人均中等，总量第二”再加上“鲜明文化特色”的特殊国情，使中国可以通过引进全球知名的电视节目模式，通过中国国内巨大的市场规模支撑起来的巨大节目预算来提升节目质量，立刻形成“本地市场效应”，促进中国电视节目出口。这种可能性是随着电视节目模式成为独立的中间产品，且“可贸易性”提升这样一个国际大背景而出现的。可以说，基于中国独特国情，在利用这一优势方面，中国是全球最具备优势的经济体。

三、学科背景

电视节目是核心文化产品的重要组成部分，而文化产业的特殊性为传统问题带来新的研究切入点。关于国际贸易及其对产业乃至国民经济的影响，可以说是经济学研究中最古老的研究课题，已经产生了大量的理论与实证研究，然而，文化产业本身具备特殊的产业属性，使得文化产业开放以及文化贸易问题的研究具有较特殊的意义。

文化产业具有文化性与产业性两方面的属性；文化产品既要有经济价值，也要有文化价值维度的考量（戴维·思罗斯比，2015）。核心文化产业“生产的规模经济效应”与“消费的网络外部性”共存，推动其既将目标市场拓展到最大化，又具备“赢者通吃”的特点，这意味着小国在文化

① 霍夫斯泰德文化维度评分网站，http：//www. geert-hofstede. com/.

产业开放之后，可能面临文化安全问题；文化产业生产中的“文化要素投入”的“需求导向”使其文化投入与生产地文化之间存在较复杂的关系，一国生产的文化产品不一定以本国的文化价值观为主，而很可能要迎合需求。文化产业的上述特征使文化产业对外开放的研究面临一些很特别、有趣且有意义的问题，如文化产业的对外开放是否有利于本地文化产业的发展和竞争力提升？进而又对开放国国家文化的国际传播以及文化安全带来什么影响？第一个问题是产业经济学和国际贸易学研究的“常规”命题，但是文化产业的特点使这一问题又具备新的研究意义；而第二个问题和第三个问题则是文化产业对外开放所要面临的“新”问题，对这一问题的研究可以丰富产业开放研究领域的理论，无论是对经济学研究还是对传播学研究都可提供理论研究增量。

电视节目模式成为独立产品并在国际间进行广泛贸易，这一新现象的出现，为研究文化贸易领域的上述问题提供了一个非常重要的机会。本书希望主要以中国为案例，对相关具体问题进行研究，如引进节目模式对中国电视节目产业的发展、中华文化的国际传播产生了什么影响？一方面可以对文化贸易相关理论问题的回答提供一个视角，另一方面对中国文化贸易相关政策也有一定启示。

第二节　文献综述

正如前文所述，虽然电视节目模式国际贸易自 20 世纪 40 年代就开始出现，但是它的迅速发展直到 21 世纪初才开始，因此相关的文献还称不上丰富，Keane（2007）就曾指出，“虽然电视节目改编是全球电视节目制作中很重要的现象，但是在媒体领域对其的研究却出奇的少见”。近年来，随着中国引进国外电视节目模式数量的增多，国内相关的文章也开始涌现。目前，国外学者的研究集中于以下几个方面：一是对电视节目模式全球化进行概述，如 Chalaby（2011）全面描述了电视节目模式全球化的概况及其原因。二是对电视节目模式的特定类型、特定渠道的贸易状况以及特定方面的描述及分析，如 Chalaby（2015b）介绍了“剧情类”电视节目模式交易的发展、现状、繁荣的原因与启示；Chalaby（2012）分析了电视节目模式版权形成的背景和历程；Esser 和 Jensen（2015）关注电视节目模式在澳大利亚、丹麦和德国公共电视台中的应用情况。Chalaby（2015）以全球价值链理论为基础，论证了在电视节目全球价值链中各利益相关者的分工地位，认为模式提供者仍然处于“弱势地位”。

近年来，随着中国引进国外电视节目模式的数量增多，国内学者对这一现象的研究开始大量涌现，目前主要集中在以下几个方面：一是电视节目模式国际贸易发展的历程与现状。如张建珍和彭侃（2013）将电视节目模式国际贸易发展划分为四个阶段，总结规律并分析了电视节目模式贸易爆发式增长的主要原因。刘丹青（2015）简述了中国电视节目模式贸易的历史、现状和典型代表。郭锴（2017）将全球电视节目模式发展历程划分为电视节目模式萌芽期、电视节目模式成长期、电视节目模式成熟期以及电视节目模式转型期，探析电视节目模式交易的特征和未来发展趋势，创新节目模式不可避免。白璐（2019）以《奔跑吧兄弟》为例，分析韩国引进类综艺节目的现状。二是研究电视节目模式对中国电视业的影响，如殷乐（2014）指出了当前中国模式发展中的问题及风险：有可能加剧中国的创意产业链的低端位置、产生创意均一化甚至创新依赖、文化渗透的不均衡等。袁靖华和邢瀚元（2014）认为，发达国家凭借其资金、技术、机制等优势处在电视创意产业链的顶端，并不断向我国输入大量带有西方价值观和世界观的电视节目模式，本土原创节目的生存面临巨大挑战，陷入“困局”。张常珊（2013）则全面分析了电视节目模式引进对中国电视节目产业发展的利与弊。王锦慧和赵计慧（2016）认为，不断引进韩国电视节目模式，有助于规范中国电视市场和提升我国本土电视节目制作水平。秦然然（2016）认为，我国的电视节目模式引进虽然推动了电视业不断发展，但也加剧了各大电视台发展之间的不平衡。三是关于电视节目模式的知识产权保护问题。杨尚鸿和孙良斌（2015）对电视节目模式强调了可版权性、可交易性。黄世席（2011）对电视节目模式法律保护的法律适应性问题进行了国际比较研究，认为电视节目模式很难得到版权法的保护，但在某种程度上可以根据《反不正当竞争法》以及《商标法》获得保护。胡骋（2011）在国外电视节目模式法律保护经验介绍的基础上，对于中国电视节目模式法律保护方式提出了个人见解。申耘宇和向萌朦（2012）对国际上电视节目版权的著作权保护的形式和现状进行了介绍。吴坤埔（2014）则指出，引进节目模式在一定程度上也促进了国内对知识产权的保护意识。陈笑春（2014）则通过对国内外电视节目模式法律案例的研究对电视节目模式的知识产权保护方式进行了较深入而有意义的探讨。宋梅红（2015）探讨了电视节目模式著作权保护的理论逻辑和运行模式。王萌（2016）通过比较四种电视节目的法律保护模式的利与弊，明确运用《著作权法》更有利于保护，并阐述了具体保护方法。刘承韪和吕冰心（2018）认为，电视节目模式是具有独创性、可复制性的著作权产品，其标题、流程安排、广告词、特定角色设计和编排方式等实质要素是电视节目模式能获得《著作权法》保护和是否构成侵权的重要依据。四是电视节目模式的本土化创新路径研究。袁靖华（2010）指出要重视“创意”的导向作用；要完善制播分离的体制规划；要健全知识产权保护；要加快创意人才培养。郑宏（2014）以浙江卫视的案例进行描述性研究，探讨了电视节目模式从引进来到走过去的过程。曾绍武（2012）描述了辽宁电视台引进英国《X 因素》的模式后制作《激情唱响》的案例。卢小波（2012）和钱蔚（2012）以《梦想合唱团》为个案，分析了引进节目模式如何在模式本身、价值观、形态和传播方面做到本土化创新。高宪春（2012）对引进电视节目本土化创新进行了相对深度的思考和研究，将本土化创新分为直接引进、节目内核吸收再创新、本土节目原始创新和扩展三个层面；并将“融入中国元素”“实时创新媒体理念”“扩展本土节目国际化”“稳健积极的政策引导”作为本土化创新的基石。金伯婷（2013）则通过举出多个电视节目模式引进的失败与成功案例，具体分析引进—学习—消化—吸收—再创新的实现路径。文卫华（2013）总结了 2012 年引进电视节目模式在中国本土化改造的现实经验。徐泽和刘伟（2013）以《武林风》为案例，强调了中国传统特色与国际通行电视节目模式结合的重要性。路俊卫和吕海文（2014）论述了电视节目模式由引进到创造的几种模式。赵文平（2014）对《最美和声》节目的创新模式进行了分析。黄楚新和彭韵佳（2016）认为，我国电视节目模式应从人民群众中寻找素材，借助互联网的传播优势，打造国际化的节目模式。董岩（2017）认为，中国电视节目模式创新的现实路径是“海外引进—本土化改造—自主创新—海外输出”。罗自文（2017）认为，针对中国目前的发展现状，中国电视节目研发模式应是“融合—组合—扩展”，为了推广这一模式，中国电视应在机制、体制、产业、市场四个方面进行创新。胡岑岑（2018）认为引进者为了使当地观众愿意接受特定的电视节目模式，应从宏观、中观和微观不同层面对节目进行本土化改造。丁梦雨（2019）以《中国好声音》为例，分析该节目是如何在原有模式基础上进行创新并达到预期的经济效益的，同时对未来如何推动海外节目模式进行本土化改造提出相关建议。

虽然现有研究已经形成了一些具备洞察力的结论，但总体来说仍然存在以下问题：①国内外研究绝大多数都从传播学角度分析，缺乏与经济学框架的结合。②国外文献往往是全球视野，研究也多从模式授权方的角度开展，而关于模式全球化对于被授权方及其所在国家电视节目产业的影响的分析不多。③国内学者对于中国近年来模式引进的状况、存在的问题、对中国电视产业的影响已经开展了一定的研究，但是对于中国这样一个具备“独特特点”的电视节目市场来说，对这一趋势的相关研究仍然是不足的。有不少研究认为中国对电视节目模式的引进导致模式缺乏创新、节目形式重复，甚至有人认为这属于国外对中国的“文化入侵”，应该说这种担心也在影响着相关部门的政策安排，因此仍有必要进行讨论。④定性的、描述性的分析较多，但是缺少定量化的实证研究。

本书希望在如下方面体现与现有研究的不同之处，并体现其重要意义：

第一，以经济学分析框架为理论基础，将分工与专业化、全球价值链理论和本地市场效应理论等经济学理论应用到电视节目模式国际贸易的现象分析中，这对传媒经济学和国际贸易理论都是有益增量。从亚当·斯密的《国富论》开始，贸易、分工与专业化就被认为是经济增长的源泉。中间产品或生产要素“可贸易性”成为国际贸易理论模型中最关键的假设之一，关键中间产品“可贸易性”发生变化总会带来相关产业国际生产格局的重大变化。“模式”是电视节目的“关键中间产品”，它原本含在电视节目成品中，现在则单独成为“可交易产品”，且贸易额大增，这一“重大制度变化”是全球化在电视节目领域的突出体现，对全球电视节目制作分工、效率、文化多样性等方面都会产生重大影响，运用经济学框架进行解读和分析，对于解释现象、预测未来以及政府政策参考都具有重要意义。

第二，主要以中国为案例，比较全面地分析引进节目模式对中国电视节目产业发展的影响，既可以为文化贸易理论研究提供重要的案例，又对中国相关领域政策制定提供启示。

一方面，无论是针对电视节目模式国际贸易问题，还是针对文化贸易问题的研究，以中国为案例的研究意义都非常重大，这是因为中国经济以及中国文化产业在全球中的地位在迅速地变化。2005~2019 年，中国 GDP 占世界 GDP 的比重从 4.86%增加到 16%。从文化产业来说，中国在较短的时间内迅速从一个文化产业小国成长为文化产业大国，对全球文化产业的影响力已经且仍然在迅速提升，如中国电影票房在 2004 年占全球票房比重只有 0.7%，而到了 2018 年则已经提高到 20%；中国音乐市场规模全球排名从 2015 年的第 14 名迅速提升为 2018 年的第 7 名①。在这种迅速变化的过程中，政府对于文化产业以及贸易的政策也在迅速地转变；中国文化有其独特的传统和历史沿袭，换言之，中国文化与当下美欧国家主导的所谓

① Annual State of the industry. Global Music Report 2018 [EB/OL]. https://www.ifpi.org/.

国际主流文化之间仍存在文化距离。中国经济、中国的文化产业以及贸易政策可以说是在全球范围内研究文化经济的一个绝佳的案例。有关中国文化产业以及贸易的研究结论，对整个文化经济学的发展应当有非常重要的理论意义。电视节目模式国际贸易是全球文化产业以及文化贸易领域的一个非常重要的现象，中国近年来也比较深入地融入了全球电视节目国际贸易，在这个过程中，中国的电视节目产业发生了很大的变化。对这些现象进行描述并进行相应的理论分析，可以为文化贸易理论研究提供很好的启示。

另一方面，关于中国文化产业和贸易的相关争议也不少，如对外开放、充分利用全球化机遇、利用两个市场和两种资源，这被认为是改革开放以来中国经济能够持续快速健康发展的重要原因，也被认为是“中国经济奇迹”的重要原因（江小涓，2004）。但是，文化产业的发展能否同样运用这一战略？国际上对于全球化如何影响文化多样性的问题也有争论，一部分观点认为全球化让标准化主流样式席卷全球，本土文化身份以及认知遭到破坏；但是另一部分观点则认为恰恰是全球化带来的影响，才使得很多民族更加意识到自己的文化身份（戴维·思罗斯比，2015）。这方面问题在中国也有反映，如近年来主流舆论在看待文化市场对外开放的基本态度上有了很大变化，讲外来文化带来的危害多，讲外来文化积极意义少，如一种有代表性的观点认为，扩大文化市场对外开放有可能冲击我国文化管理格局，危及文化安全（祁述裕和陆筱璐，2018）[①]。因此，在研究全球化背景下，中国文化产业开放与文化贸易发展的问题，对于解答和回应上述问题可以提供一些参考。对于中国引进电视节目模式过程中所经历的产业发展以及政策争论的描述和分析，对于中国文化贸易领域的相关争论及政策制定也有一定的启示作用。

第三，在研究方法上，理论与实证相结合，定性与定量相结合。针对每一章所研究的具体问题，采用理论分析法、案例分析法、截面数据多元线性回归法等多种方法进行细致深入的分析。这在当前有关电视节目模式国际贸易方面的相关研究中也不多见。本书希望通过典型案例以及大样本数据的选取，并通过多种研究方法的相互印证来提高论证的说服力。

---

① 祁述裕，陆筱璐. 论放宽文化市场准入——扩大文化市场开放的若干思考［J］. 山东大学学报（哲学社会科学版），2018（3）.

第三节　理论基础

本节简要说明本书所遵循的主要理论基础，后面章节在论述相关具体问题时，在需要的时候，会对本节中所述理论基础有所指明。

一、贸易、分工与专业化理论

从现代经济学创始人亚当·斯密开始，分工与专业化就被认为是经济增长的最重要源泉，而贸易使分工和专业化成为可能。亚当·斯密认为，通过分工每个人可以专门从事自己具备绝对优势——劳动生产率高于他人——的活动，从而使整个经济在不改变投入的情况下获得更多的产出，资源配置效率得以提高，后来大卫·李嘉图又提出了“比较优势理论”，指出要想实现分工和专业化，人们不必一定要具备“绝对优势”，只需要具备“比较优势”就可以，也就是说，即使人们在各种活动方面的劳动生产率都低于他人，只要他专门从事其与他们劳动生产率差距较小的那种活动，即每个人都从事“机会成本”较低的活动，从整个经济社会角度看，也可以达到同等投入产出更多的“高效率”资源配置的结果，从而促进经济增长，改进社会福利状况。

然而，分工与专业化要实现则需要“贸易”的发生，如果没有贸易，人们就无法通过“市场交换”来获得他人所专门生产的产品以满足自己的需要，那么他人从事专业化的生产就不具备需求基础。而人们在多大程度上能够实现贸易呢？这根本上取决于“市场规模”，而市场规模的大小又反向相关于“交易成本”，交易成本越低，市场规模越大。综上，交易成本越高，越有利于“一体化”生产，而当交易成本由于各种原因开始下降时，“一体化”生产就开始向在贸易基础上进行“分工”生产的模式过渡，在这个过程中，经济会增长，社会整体福利改进。

在国际贸易理论中，“中间投入品”的“可贸易性”问题一直是理论中的重要条件。如果中间品不可贸易，也就是中间投入品的交易成本很高，那就需要“一体化”的生产，即中间投入品和最终产品需要集中在一个经济主体生产，而当中间投入品的交易成本下降，使中国投入品由“不可贸易”变为“可贸易”，那么就会带来分工细化与专业化的深入，“一体化”生产就可能向“专业化”生产进行过渡，生产格局可能发生变化，会出现一个部门（或国家及地区）专门生产中间产品，而另一个部门（或国家及地区）专门生产最终产品，市场规模得以扩大，生产效率得以提升，整个社会经济福利出现提升的可能性。

二、全球化理论

分工、专业化与贸易是经济增长的重要来源，当它在一个国家内部发生时，会促进一国经济的增长；而当它跨越国界拓展到全球范围时，就为参与到其中的各国带来新的经济增长的动力。将分工、专业化和贸易从以国家为界拓展到全球范围的力量就是全球化。

全球化是近二十年来使用最频繁的一个术语。世界银行认为，全球化是通过贸易、资本和知识流动将不同国家的产品和市场联系起来的一个过程。这个过程起源于 19 世纪工业化起步阶段，贸易在其中发挥极大的推动作用。托马斯·弗里德曼（2002）将全球化进程划分为三个时代：一是从 1492~1800 年的全球化 1.0 版本，始于哥伦布远航开启的国际贸易；二是从 1800~2000 年的全球化 2.0 版本，主要推动力量为跨国公司；三是 2000 年以后的全球化 3.0 版本，其推动力为个人在全球范围内的合作与竞争。江小涓（2004）将全球化的表现总结为市场全球化、生产全球化、科技全球化、服务全球化等多个方面。

包括电视节目在内的文化产品的生产、分销及消费也在受到全球化的极大影响。在生产方面，新型通信技术创造出新的文化表达方式，带来新的文化交流渠道。在前沿领域，工作在新媒体领域的艺术家正在用创新性的方法进行艺术创作并与消费者沟通，这些创新活动相当于工业领域的“研究与开发”活动，因为它的最终回报（艺术和商业两方面）充满不确定性，但也可能回报巨大。此外，新技术也在改变着文化生产者的商业经营模式，他们有了更好的信息及营销服务、更高效的管理系统，等等。例如，博物馆和画廊将其藏品电子化、表演团体采用电子售票等。同时，文化生产和分销的传统模式正受到威胁，最明显的就是音乐产业，网络非法下载不断影响着演员、出版公司以及唱片公司的收入。

三、全球价值链理论

与全球化理论相关的是全球价值链理论。全球价值链理论起源于 Hopkins（1986）提出的“商品链”概念，意指“一种产出最终产品的劳动网络和生产过程”（Hopkins 和 Wallersteinl，1986）。20 世纪 90 年代，Gereffi 提出了“全球商品链”（GCC）的概念；进而又在 21 世纪初提出了“全球价值链”（GVC）理论。根据全球价值链理论，全球生产活动同时经历着两个相反的进程：“价值链分解”以及“重新整合”。“价值链分解”是源于越来越多的公司将其生产过程的部分或全部外包出去，从而集中进行品牌、设计和营销等附加值更高的活动；另外，世界市场却通过国际贸易得以重新整合。

所谓“价值链”，是指生产最终产品过程中“一系列价值增值”的活动，大致包含投入、研究与设计、制造、分销、营销、销售、消费和回收等几个阶段（Chalaby，2016）。在现代工业发展过程中，上述价值链的各个环节最初是分布在一个个城市或某一个地区，进而扩大到一个经济体内部，而在全球化时代，同一产品的生产价值链开始分布在全世界各国和各地，国际生产的分工也从产业间分工、产品间分工逐步过渡到产品内分工的阶段。在这个过程中，越来越多的产品成为全球分工合作生产出来的“全球化产品”，生产过程中所涉及的多个价值增值环节分布在不同的国家和地区，形成一个“全球价值链”。从 20 世纪 80 年代开始，随着发达国家越来越多地将产品制造环节外包到发展中国家以运用发展中国家在制造环节的比较优势，全球价值链开始在“有形产品”领域出现且越来越普遍，从而形成产品生产全球化的趋势，但是直到 20 世纪 90 年代之前，全球价值链也只是主要存在于有形商品领域；服务生产领域的全球价值链并未形成。而从 20 世纪 90 年代开始，随着通信技术的大发展，服务贸易成本的下降，服务外包的出现开始推动全球价值链拓展到了服务生产领域，对于服务全球化以及服务外包的研究也开始出现。

四、文化贸易理论[①]

无论是电视节目模式国际贸易，还是与之密切相关的电视节目成品贸易都是文化贸易的重要组成部分，如果要研究电视节目模式国际贸易对于电视节目产业及贸易的影响，必然需要了解文化贸易的相关理论。学术界对于文化贸易的理论研究基于以下两个方面：一是对文化产业属性及特点

① 关于文化贸易理论更为细致的介绍，可参见罗立彬．全球化背景下中国对外文化贸易发展战略：以影视产业为例［M］．北京：经济管理出版社，2019.

的界定和研究；二是国际贸易理论，基本上是根据文化产业的特征对国际贸易理论框架的假设进行调整，拓展现有国际贸易理论，从而对文化贸易现象提供解释，分析文化贸易自由化或文化贸易政策的福利效应，并提供相关政策启示。

当前文化贸易理论框架的假设条件主要基于文化产品和服务的两个基本特征：

一是生产的规模经济效应。文化产品和服务生产的突出特点是“固定成本与变动成本之比极高”（David Hesmondhalgh，2006），这使得文化产品具有强烈的“受众数量极大化”倾向（Rosen，1981；David Hesmond-halgh，2006；Burke，2011）。文化产品一旦成为畅销品，获利就会急速增加，一旦走过收支平衡点，额外的单位销售就会导致利润暴增。为了实现“受众数量极大化”，不少文化产品采用“二次销售”的销售模式，即一种产品面对两个市场：广告市场和受众市场，而前者是文化产品的主要收入来源，甚至使“受众”（消费者）需要支付的价格极低，Withers 和 Alford（2011）认为这种极低甚至为零的消费者价格使受众没有表达其节目偏好意图的机制。以免费电视节目为例，它与传统市场不同，传统市场中，人们通过支付价格的意愿来表达其偏好，但是这种机制在免费的电视节目领域却并不存在。这一特点强化了节目复制以及“最低公分母”节目的倾向，因为赞助节目的广告商一般是用观众最大化来进行激励的，从而造成文化多样性的缺失。如在美国电视节目市场上，为了赢得更大范围内各文化背景的受众群体，美国电视节目制作商采用的是“最不得罪人的原则”（Least Offensive Principle），意指在力求在同一节目中尽量避免侵害到任何民族或种族的文化情感，寻求各文化背景下人群的共同文化诉求（Curtin 和 Shattuc，2009）。

二是消费的网络外部性。文化产品消费的网络外部性是指当下使用这种产品的消费者基数越大，给定产品的吸引力越强（Gunther G. Schulze，2011）。有人将这一特点称为“消费的规模经济效应”（Katz 和 Shapiro，1986）。人们发现自己所消费的产品被更多人消费时，其从该文化产品消费过程中获得的效用会提高（Janeba，2007）。一是由于文化产品的消费具备一定的“社交功能”（周端明，2005）；二是由于搜索成本的存在，搜索成本较高的情况下，为了减少搜索成本，消费者对某一文化产品的需求可能极为集中（Burke，2011）。此时，人们对某种文化产品的需求成为该产品现有消费者数量的函数，当现有消费者数量增加时，需求曲线也会右移。另外，文化产品消费过程中还存在“正向成瘾性”（Positive

Addiction)，即人们对某种形式的文化产品的欣赏能力是其过去消费的函数（Stigler 和 Becker，1977），因此伴随着人们对某种文化产品消费的累积会形成“消费资本”，它会使消费者从该种文化产品消费中获得的边际效用增加，且在收入和产品价格不变的情况下使人们对该文化产品的需求曲线向右移动。

近年来，理论文献着重分析文化产品贸易对于福利及偏好形成的影响，尤其关注普遍接受的自由贸易教条是否适用于（工业化生产的）文化产品贸易方面。Francois 和 van Ypersele（2002）的研究表明，文化产品关税在下列情况下是福利增进型的：产品生产存在显著的规模经济效应，同时贸易国的偏好具备强烈异质性。例如，如果法国对好莱坞电影征收关税，则好莱坞电影的市场份额会下降，价格会上升，法国电影和美国独立电影在各自国家的市场份额上升。这可能使两个国家的整体福利都得到增进，但是要满足下面的条件：在法国有大量消费者，在他们心目中，法国电影的价值很高，远远高于法国电影在其他法国公民中的价值；在美国也有大量消费者认为非好莱坞电影比好莱坞电影价值高很多；同时，两国对好莱坞电影的估价相似。此时，整体消费者剩余上升。

Janeba（2007）的研究没有假设规模经济效应，而是运用李嘉图的标准贸易模型，假设规模报酬不变，但同时假设文化产品消费过程中存在正向网络外部性：人们发现自己所消费的产品被更多人消费时，会感觉更好。他的研究表明，在一定的假设条件下，与封闭经济相比，贸易会使一国的福利水平下降：因为贸易改变网络产品的价格，所以人们可以转向进口的网络产品，使国产文化产品的消费者福利恶化，因为国产文化产品的价格和用户基础都恶化了。Rauch 和 Trindade（2009）将消费的网络外部性与生产的规模经济效应两者结合在一起，研究表明，在一个两个国家、存在差异化文化产品的模型当中，如果文化折扣不是太大，两国市场规模差别足够大，小国的文化产品可能消失。因此，文化全球化会使标准 Helpman-Krugman 模型中的“本地市场效应”得以强化。文化全球化的加剧——或者文化折扣的下降——会减少文化产品的样式数，导致更强的网络外部性；同时，未来文化产品的质量会下降，因为在该模型中，未来文化产品的质量取决于当前存在于两国的文化产品样式数。

Bala 和 Van Long（2005）研究了文化产品的相对稀缺性或丰裕性——以及由此导致的价格水平变化——如何使人们在代际之间形成偏好。他们的研究表明，在封闭经济条件下，一个大国和一个小国的偏好不同且相对稳定；此时，在两国间进行自由贸易会导致小国的偏好“绝迹”。小国会逐渐失去其文化身份（Cultural Identity）——贸易可能导致文化多样性的消失。Olivier 等（2008）提出了一种动态方法来解释在社交机制下偏好的演进规律，这种机制中，文化身份被看作一种群体外部性（Group Externality）——人们的相遇相识是随机的，且在认识文化背景相同的人时可以获取效用。他们的研究假设生产的规模报酬不变，因此其传送渠道不具备如下特点：市场统一后占统治地位的经济体或文化可以以更低的成本提供其文化产品，从而使结果偏向“角点解”。Olivier 等表明要素禀赋在长期会影响人们对文化产品的偏好——人们会对生产丰裕的产品产生偏好。他们的研究表明，贸易一体化会导致不同国家间的文化更加不同。

联合国教科文组织（UNESCO）在《文化多样性宣言》中宣称，文化产品是“表明身份的变量”，并且对当前文化产品贸易的不平衡表示担忧。传统的国际贸易理论认为自由贸易之所以可以增进福利水平，是因为自由贸易可以使消费集合扩大，从而使个人福利增进。但是许多批评家并不在乎实物产品的消费数量，而更重视所消费产品的样式以及原产地。从这个角度上看，那些源自西方的大规模生产的产品如麦当劳的汉堡、好莱坞电影、流行音乐——被认为对福利影响是负的，因为它挤出了本土生产或当地生产的产品，使传统的生活方式消失了。这种论调在许多发展中国家和法国等发达国家当中都很流行。

第四节　本书的主要内容及启示

一、本书的主要内容

本书主要遵循现象描述、理论分析和实证检验三步走的研究思路，以经济学视角，对电视节目模式国际贸易这一重要现象进行理论解释，并深入分析其对全球以及中国电视节目产业的影响。基于本书写作的背景，在分析对中国电视节目产业产生的影响时，本书对一些争议性的问题及政策讨论也有所涉及。因此，我们希望无论是对电视节目模式国际贸易现象感兴趣的学者还是对相关政策制定者都能有所帮助。

在接下来的部分中，我们首先会对全球以及中国电视节目模式国际贸易现象进行描述，为后来的理论分析及实证检验提供现象基础。接下来，对电视节目模式国际贸易产生的动因及其影响进行理论分析，并得出若干结论；本书的主体部分以理论分析的结论为基础，以中国电视节目模式国际贸易为案例进行实证分析，并探讨中国电视节目模式引进过程中的几个争议性问题。一是节目模式引进与中国电视节目出口问题；二是节目模式引进对中国节目模式原创能力的影响；三是引进节目模式对中国电视节目受欢迎程度的影响；四是引进节目模式与中国电视节目的多样化。我们发现，电视节目模式国际贸易之所以会发生，是因为电视节目模式的需求、供给以及交易成本方面出现了非常重要的变化；电视节目模式国际贸易的出现对全球电视节目产业格局、电视节目的标准化与多样化、后进国家电视节目产业的发展都带来了革命性的影响。这些影响在中国电视节目产业领域都有所体现。引进节目模式不仅使中国电视节目的受欢迎程度得到提高，而且也提高了中国电视节目模式的原创能力，促进了中国电视节目的多样化，更非常快速地促进了中国电视节目的出口。

二、启示

1. 分工与专业化细化以及中间产品可贸易性提高，可以带来巨大的经济增长效应，这在文化产业中也有重要体现

不仅如此，由于文化产业具备比较特殊的特征，所以电视节目模式国际贸易所体现的中间产业可贸易性提升，对于文化多样性、规模经济效应以及文化产业动态发展都有比较特殊的启示。

文化产业领域面临的“规模经济效应”与“多样化”之间的矛盾，可以被电视节目模式国际贸易所化解。本书第三章中的相关论述指出，在市场规模一定的条件下，产品样式越多样，每种样式收获规模经济效应的可能性就越弱。多年来，“规模经济效应”和“多样化”之间的力量对比中，追求“规模经济效应”的力量占据上风，这突出表现在成品电视节目贸易领域的“单向流动”，即电视节目“单向”地从美国流向世界其他国家（Kuipers，2011），“对于美国电视节目在世界电视节目市场上占据统治地位，几乎没有人怀疑”（李怀亮，2004）。但是，电视节目模式国际贸易的出现，则在一定程度上改变了这一点。由于有全球统一节目模式与各国本土化文化内容的结合，可以提高本土文化在本土市场受关注的可能性，也提高了电视节目的多样性。本书第七章中的相关论述指出，由于电视节目模式国际贸易带来节目模式与内容在国际范围内分工发展，使“差异性”成为独立目标；又由于它改变了节目制作规模经济发生的条件，使小制作节目也可能通过模式贸易在世界各地获取更多收入，使创新和差异性在世界各地“点式”出现，并最终导致专门以“模式创新”为目标的大型集团出现；“模式国际授权”又促使研发方必须要在国际范围内推广差异性（Keane，2007），使差异化不仅在原创国实现，也推广到模式引进国；模式国际贸易的实践又可以帮助促进“模式版权保护机制”被推广到各国，帮助模式引进国逐步形成知识产权保护的需求和环境，使“差异化”创新具备更好更稳定的制度环境。总之，电视节目模式国际贸易的出现，有助于全球电视节目领域“多样化”回归，同时又可以通过“规模经济效应”来实现节目质量提高或单位受众成本下降。

2. 电视节目模式国际贸易的产生与发展壮大，充分说明了全球化具备强大且几乎不可阻挡的内生动力

由于电视节目成品出口常常被认为具备文化入侵的风险，所以节目制作商就把文化性较弱的节目制作流程总结出来，制作成受知识产权保护的节目模式在全球进行贸易，电视节目全球化就可以在这样一种相对“文化中性”的条件下得以发生。

这种内生动力之所以会存在，就是因为全球化带来的分工与专业化可以带来多方共赢，也解决了很多产业多年不易解决的难题。电视节目模式国际贸易提供了一个兼顾“文化保护”“产业发展”和“开放效率”三种重要目标的制度安排。本书第四章的相关讨论部分对此有更加详细的论述，电视节目模式引进既不会导致“文化入侵”，又可以通过发挥“开放效率”来促进后进国家电视节目产业的跨越式发展，这一点在中国电视节目产业以及贸易发展过程中有所体现。

这种由于分工与专业化强大内生动力产生出来的全球化趋势，在文化产业的其他细分领域也有出现，如电影产业领域的“翻拍”现象、舞台剧版权引进排练不同版本等。总之，只要是从成品中分离中间产品且变得可贸易，就会为文化产品的多样化、成本降低以及创新机制产生重要的影响。

3. 中国是一个“独一无二”的经济体，具备非常独特的重要特征，可以集结全球优势资源来加快发展有中国文化特色的文化产业和贸易

如前文已经讲到的，中国是全世界唯一一个同时具备“人均中等、总量第二、文化有特色”三个重要特征的经济体。这样一种“独一无二”的特征就使中国在文化产业全球化的国际背景下，特别能够通过巨大经济总量来吸引全球优势资源，迅速开发中国文化产业发展的潜力，为中国市场生产有中国特色的文化产品与服务，并形成国际竞争力来推动出口。中国

是全球范围内唯一具备这种条件的经济体。

电视节目模式国际贸易的出现就为中国发挥这样独特优势提供了一个非常好的机遇。中国的“人均中等，总量第二”再加上“鲜明文化特色”的特殊国情，使得中国可以通过引进全球知名的电视节目模式，通过中国国内巨大的市场规模支撑起来的巨大节目预算来提升节目质量，本书第六章运用341档中国综艺节目的数据，运用计量经济学方法进行实证分析表明，引进节目模式显著提高了中国综艺节目的受欢迎程度；第七章则运用2012~2016年九大重要电视台播出的电视节目为样本进行分析，发现引进节目模式增加了中国综艺节目的多样性。不仅如此，中国在引进电视节目模式过程中，由于国内市场规模巨大，还可以立刻形成“本地市场效应”，促进中国电视节目出口。本书第四章在对理论机理进行论证的基础上，运用2006~2015年中国大陆综艺节目出口新加坡的实证分析对其进行验证，表明模式的引进加上本地市场效应使中国大陆综艺节目迅速取代中国台湾，在新加坡进口综艺节目中居主要地位。

4. 引进本身也为创新带来可能性，也是对创新成果的一种尊重

在一定的知识产权保护环境下，引进节目模式也会对节目模式的自主创新发挥积极作用。本书第五章运用灿星公司的案例，对引进模式促进模式自主创新的机理进行了案例分析。不仅在于引进节目模式可以带来合作学习效应、部分原创效应和成本倒逼效应，更会带来环境培育效应，使国内的相关知识产权保护环境更加规范。

5. 电视节目模式国际贸易过程中出现的一些问题，为我国形成良好规模的知识产权保护环境提出重要启示

首先，知识产权的保护往往是在对知识产权保护的争议中逐渐完善起来的。如电视节目模式知识产权保护制度的形成与完善，其实就是在电视节目模式国际交易当中逐渐形成与完善的。节目模式的购买者由于支付了成本，对于引进版权的保护，就成为其内在的一种需求，而且事实证明，最先引进节目模式版权的往往也是最早做出模式原创并出口到其他国家的（参见本书第五章）。在当前中国经济进入高质量发展阶段的背景下，知识产权的国际交易有助于国内知识产权保护环境的完善。而这对于创新要素在国内实现流动，并推动中国经济发展的创新动力转换至关重要。其次，经济学视角本身对于探索电视节目模式知识产权保护的具体方式选择也有重要意义。电视节目模式版权是一种新型的知识产权保护对象，它的出现会导致电视节目产业中的“中间产品可贸易性提升”，因此具备革命性的意义；然而，与所有新出现的知识产权保护领域一样，其保护的具体方法

与规定仍然处于变化中，各种相关的微观主体在实践当中不断地摸索最合宜的方式。这里笔者所要强调的是，在对最为合宜的电视节目模式版权保护方式的摸索过程中，经济学视角具有重要意义。知识产权保护本身既有收益也有成本，其收益主要是为创新者提供收入，从而为创新者提供激励机制，但是其成本则体现为"知识产权的垄断"对创新扩散以及高效运用产生阻碍。对于知识产权保护的新领域，上述成本与收益之间的对比是判断保护方式是否合适的重要原则。正是基于这样一个原则，很多领域知识产权保护的具体做法是划定一个具体的年限，在这个年限内给予创新者以"垄断权"，但是超过年限之后则免费提供（江小涓，2018）。而国外对于一些相关规定并不成熟的新兴知识产权领域，往往是通过法庭诉讼来确定是否存在知识产权的侵权，虽然具体案例判定办法各有不同，但是有一个原则是比较普适的，即看被控诉为"侵权"的行为对于声称创新者来说是更有利还是更不利，如果更有利则一般不判定为侵权，只有更不利时才会被判定为侵权[①]。另有观点认为，判断知识产权保护适宜度的标准应当是"是否能够为社会带来更多更好的创新成果"（Joel Waldfogel，2018）[②]。总之，作为新兴且具有重大甚至革命性意义的知识产权保护领域，对于电视节目模式而言，一个合适的知识产权保护方式应当可以在最大程度上兼顾创新者的收入和创新成果的应用与扩散。

---

① 维克多·A. 金斯伯格，戴维·思罗斯比. 艺术与文化经济学手册［M］. 沈阳：东北财经大学出版社，2018.

② Joel Waldfogel. Digital Renaissance［M］. Princeton University Press，2018.

第二章
电视节目模式国际贸易的历程与现状

进入21世纪后，电视节目模式国际贸易开始迅速发展，世界上出现了专业的电视节目模式交易市场和版权保护机构，模式交易额大大增加，成功模式的影响范围和流动速度开始加快，参与模式国际贸易的国家和地区数量越来越多，参与国际贸易的模式种类也不断增加，贸易形式变化开始推进电视节目制作全球化，出现若干超大型的模式提供商，大型电视节目机构开始建立自己的模式制作机构；中国1998年开始引进国外电视节目模式，但到2010年之前还难成主流做法；2010~2014年是中国大量引进国外电视节目模式的时期，2014年之后，中国对国外节目模式的引进在形式和类型等方面开始呈现出新特征。

第一节　世界电视节目模式国际贸易概述

最初的电视节目模式是借鉴广播节目而产生的，第一个根据广播节目模式授权改编的电视节目是BBC于1947年4月24日现场直播的电视节目《无知是福》（*Ignorance is Bless*），它利用了美国纽约电台《无知的下场》（*It Pays to Be Ignorant*）的模式。而第一档真正跨国传播的电视节目模式则是《我的台词是什么》（*What's My Line?*），于1950年2月2日在CBS电视网播出。BBC克隆了这档节目，于1951年7月16日在BBC开播（张建珍和彭侃，2013）。之后电视节目模式授权现象时有发生，但是从20世纪50年代到21世纪初并不是普遍现象，模式化的节目和参与模式贸易的公司数量都非常有限，其中绝大多数属于游戏类节目，且基本都是从美国出口到其他几个相对发达的电视节目市场（Chalaby，2016）。一直到1998年，唯一一本有关电视节目模式的图书是由荷兰出版的相关法律手册。在《纽约时报电视百科全书》（*New York Times Encyclopaedia of Television*）中也没有关于电视节目模式的任何词条（Keane，2007）[①]。

在21世纪之后的近二十年，电视节目模式国际贸易开始迅速发展，与之前相比，这一时期的电视节目模式贸易具有如下特征：

第一，出现了专门的电视节目模式交易市场和版权保护机构。在20世纪90年代之前，电视节目模式的影响力仍然十分有限，因此关于国际电视节目模式的版权意识也没有建立起来。1988年，英国一档流行游戏节目《机遇在敲门》被新西兰电视台抄袭，引发诉讼，但是由于模式版权不受保护，所以诉讼以失败告终。这一案例使电视节目模式开发商开始思考如何使模式能够被纳入版权保护的法律范围。1999年，蒙特卡罗电视节上开创了第一个电视模式市场。2000年4月，成立了国际模式权利保护协会（Format Recognition and Protection Association，FRAPA）；2000年，FRAPA推出了第一个模式注册服务（Format Registration Service，FRS），为模式IP所有者提供一个声明首次注册日的机会，成为保护模式IP的第一步。2004年，成立了国际模式律师协会（IFLA）（殷乐，2014）。随着这些机构和系统的出现，电视节目模式的跨国交易系统已经可以得到一个比较完善的国际规制制度的保护，和以往任何时候相比，其法律制度基础都更为牢固（Chalaby，2015）。

第二，电视节目模式贸易额大大增加。据FRAPA发布的报告，在被调查的14个国家中，2002~2004年有259个原创节目模式出口到了别的国家，共形成1310个改编节目和31397个小时的模式类节目，创造了64亿欧元的产值。2006~2008年有445个原创节目模式被出口，创造了1262个节目和54383个小时的模式类节目，创造了93亿欧元的产值；据保守统计，在2010年左右，每年的模式贸易额超过300亿欧元。模式已经成为广播电视机构常规日程的“必需品”。例如在欧洲，2013年，一项调查显示，84个样本频道平均播出了338个小时的模式类节目（TBI Formats，2014）。最受好评的电视节目多数都是模式类节目，尤其是才能竞赛类的节目，据统计，美国和德国的商业电视台播放的黄金时间节目中，有1/3属于模式类节目（Chalaby，2016）。

第三，成功模式的影响范围和流动速度开始加快，全球化周期缩短。在20世纪90年代之前，能够被输出到10个国家的节目模式屈指可数，流动的速度也很慢，如1956年首播于CBS的*The Price is Right*，一直到了大

① Keane M., Fung A. and Moran A. New Television, Globalisation and the East Asian Cultural Imagination [M]. Hong Kong University Press, 2007.

约 30 年后才开始出现第一个授权版本。而到了 2010 年之后，被输出到 10 个国家以上的节目模式只能算是中等成功，最成功的节目模式能被输出到 30 个国家以上。流动的速度也更加迅速，《与星共舞》（*Strictly Come Dancing*）、《智者为王》（*The Weakest Link*）、《成交不成交》（*Deal or No Deal*）等节目在短短几年里就遍及全球数十个国家。一档名为《钻墙洞》（*Hole in the Wall*）的日本游戏节目在首播后 18 个月内就被 FremantleMedia 卖到了 31 个国家。参与节目模式开发和发行的公司也迅速增加到数以百计（张建珍和彭侃，2013）。

第四，参与模式贸易的国家和地区越来越多，越来越多的国家和地区成为模式出口方。英国和美国属于电视节目模式出口的老牌国家，它们从 20 世纪 50 年代就开始出口电视节目模式，据统计，在 1990 年之前，美国电视节目模式出口占全球市场份额高达 62%，而英国是 23%[①]。但是 1990 年之后，英国超过美国成为全球最大的模式出口国。美国和英国在 2006~2008 年出口的模式数量（431 项）依然超过了所有其他出口国家出口数量的总和（386 项），收入也基本上与其他国家的收入总和持平（30 亿欧元和 31 亿欧元）。但是 2000 年左右，随着模式全球化加速，出现了一些新的现象：一是开始进口电视节目模式的国家和地区越来越多，包括拉美的巴西、智利、巴拿马、秘鲁；亚洲的中国、韩国等（Chalaby，2015）。二是许多国家由模式进口国成为模式出口国，包括比利时、哥伦比亚、以色列、韩国、土耳其。三是一些国家出口模式数量不断增加，虽然依然是进口大于出口，成为排在美国和英国之后的第二梯队，这些国家和地区包括加拿大、丹麦、法国、德国、意大利、冰岛、挪威、西班牙、瑞典。四是一些国家和地区的出口模式数量开始超过进口数量，如阿根廷和日本（Chalaby，2015）。以色列更是在 2010 年之后超过美国，成为仅次于英国的全球第二大模式出口国。而韩国的《蒙面歌王》（*Masked Singer*）在 2019 年成为最受关注的节目模式之一[②]。

第五，参与国际贸易的电视节目模式种类增加。从最容易制作模式的游戏类节目逐渐过渡到包含游戏类、现实类以及被认为“最难模式化”的剧情类等。20 世纪 50 年代到 2000 年前，电视节目模式交易的种类主要是游戏类节目；而到了 2000 年后，增长最快的电视节目模式贸易集中于“现实类节目”（Reality Programming），其中包括才艺竞赛（Talent Compe-

①② The Giant among Formats [EB/OL]. TBI Format, https://tbivision.com/files/2019/04/Formats-AprMay19_lo.pdf. April/May, 2019.

tition)、真人娱乐秀（Factual Entertainment Shows），如教练、生活互换等。甚至被认为"最难模式化"的剧情类（即电视剧）节目也逐渐出现模式化，且越来越多地参与到国际贸易当中。在21世纪初，游戏类节目还占总体电视节目模式贸易的2/3，现实类低于1/3，剧情类节目模式贸易占6.6%（Rodrigue，2007）。到了2010年，游戏类节目模式比重下降到1/3以下，现实类节目不断上涨，占模式总贸易量的50%以上，剧情类节目模式的比重达到15%，2008年剧情类节目模式改编节目达到8941集（FRAPA，2009），并且在后来的几年中继续上升。说明参与贸易的电视节目模式类型在不断增加。若干电视节目模式的相关情况如表2-1所示。

表2-1　若干电视节目模式的相关情况

节目模式名称	节目类型	原创国及公司	首播时间	本地化数量	统计截止时间*
Millionaire	游戏	英国独立电视台	1998年	117	2017年12月
The Weakest Link	游戏	英国BBC2	2000年8月	80	2005年6月
Deal or No Deal	游戏	荷兰 Rai Uno	2006年6月	70	2012年
1 vs. 100	游戏	荷兰 Rai Uno	2006年	38	2012年
Money Drop	游戏	荷兰 Endemol	2010年5月	52	2014年12月
Faking It	真人秀	英国 Channel4	2000年	10	2017年12月
Wife Swap	真人秀	英国	2003年1月	22	2013年
Secret Millionaire	真人秀	英国 Channel 4	2006年11月		2017年12月
Undercover Boss	真人秀	英国	2009年6月	15	2017年12月
Gogglebox	真人秀	英国 Channel 4	2013年3月	25	2015年初
Supernanny	真人秀	英国 Channel 4	2004年7月	17	2017年12月
Who Do You Think You Are	真人秀纪录片	英国	2003年	10	2016年
Come Dine With Me	真人秀	英国	2005年1月		2017年12月
Four Weddings	真人秀	英国 ITV	2009年	16	2016年
Big Brother	真人秀竞赛	荷兰 Endemol	1999年	44	2016年

续表

节目模式名称	节目类型	原创国及公司	首播时间	本地化数量	统计截止时间*
I'm a Celebrity... Get Me Out of Here!	真人秀竞赛	英国 ITV	2002年	10	2016年
The Bachelor	真人秀竞赛（相亲）	美国 ABC	2002年3月	25	2012年
The Biggest Loser	真人秀竞争（减肥）	美国 NBC	2004年	25	2016年
Peking Express	真人秀（冒险）	荷兰	2004年	8	2016年
Dance with the Star	真人秀（舞蹈）	英国	2005年6月	50	2014年
Got Talent	真人秀（才艺）	英国	2007年6月	63	2014年
Master Chef	真人秀（烹饪）	英国	2007年	50	2014年

注：*指统计本地化数量的截止时间。

资料来源：根据 Jean K. Chalaby. The Format Age: Television's Entertainment Revolution [M]. Cambridge: Polity Press, 2016 中的资料以及网络资料综合制作而成。

第六，电视节目模式贸易的形式开始发生变化，推进电视节目制作全球化。电视节目模式贸易最初的形式是授权，即模式出口方将模式授权给当地的节目制作公司或者电视台来进行节目制作，但是随着电视节目模式国际贸易规模的发展，一些超大规模的节目模式提供商开始越来越多地倾向于独自为世界各地制作节目。它们开始在世界各地设立分支机构，或者与当地制作公司联合成为合资公司，或者收购当地的节目制作机构，直接制作其名下知名节目模式的本地版，甚至直接为重要的市场开发新的节目模式。近年来，包括好莱坞六大公司在内的美国电视节目制作机构也开始介入世界各地的本地节目制作。从 2012 年初到 2015 年上半年，大型的电视节目制作机构共进行了 33 次收购（Chalaby, 2016）。

第七，出现若干超大型的模式提供商。经过独立制作商之间的竞争、兼并和收购，到2010年，全球范围内出现14家大型电视节目制作单位和电视节目模式提供商，这些公司总部基本都分布在欧洲，其中伦敦的最多，有9家，分别是All3Media、BBC全球、FremantleMedia、ITV演播室、NBC Universal国际电视制作、Shine集团、索尼电影电视国际制作、华纳兄弟国际电视制作、Zodiak媒体集团；巴黎1家，是Banijay；阿姆斯特丹2家，分别是Endemol和Eyeworks；慕尼黑1家，是Red Arrow娱乐；斯德哥尔摩1家，是Strix。这些大型公司在世界各国设立分支机构或者合资机构，其中在世界分布最广的Endemol在31个国家和地区有分支机构，最少的NBC Universal国际电视制作也分布在3个国家和地区（Chalaby，2016）。到了2015年，大型模式提供商数量从14个减少到12个，因为华纳兄弟收购了Eyewords，另外，Shine、Endemol以及Core传媒合并成为新的Endemol Shine集团。但是它们名下的公司数量在增长，2010年，这些大型模式提供商平均每家名下有17家公司；到2015年，这个数字增加到了24家。绝大多数机构都扩大了在全球的地理范围（Chalaby，2016）。

第八，大型电视机构建立自己的模式制作机构。如美国NBC电视台在看到自己播出的一些热门电视节目的模式版权都不属于自己之后，建立了一个独立的业务单位，名字叫作Universal Television Alternative Studio，来投资属于自己的电视节目模式知识产权。截至2017年5月，该业务单位正在筹备的是由著名明星詹妮弗·洛佩兹（Jennifer Lopez）参与并作为执行制片人和评委团成员的舞蹈竞技类节目*World of Dance*。

第二节　中国电视节目模式贸易的历程

一、1998~2010年，引进模式开始出现，但难成主流

国内有记载的正式的电视节目模式引进是1998年CCTV-2引进英国的*Go Bingo*制作成《幸运52》。1999年，上海电视台引进了美国儿童电视节目*Seseme Street*并制作成中文版《芝麻街》。2000年，北京电视台购买了日本东京广播公司（TBS）的节目模式《幸福家庭计划》（*Happy Family Plan*），并制作成本土化节目《梦想成真》，双方首次签订的合同期为三年，最初的模式版权费为1500美元，但是随着节目越来越“本土化”，模

式价格也逐年降低了（Keane，2007）[①]。2002 年，北京广播电视台与香港 Yahuan 音像制作公司联合英国 Granada Media 在英国已经播出几十年的连续剧《加冕街》制作成中文版的《幸福街》，试图将国外这种“无结局”式的情景局引入中国，一共制作了 200 集。但是由于国情背景、语言沟通、合作细节等方面存在不少困难，所以这次联合制作并不认为是成功的（Keane，2007）。同年，南京电视台引进英国 BBC 的全球热门节目模式 *The Weakese Link* 制作成中国大陆版本《智者为王》；2006 年，国内世熙传媒引进由英国 BBCW 制作的电视节目 *Strictly Dancing With the Stars*，并与湖南卫视以及香港 TVB 联合制作成《舞动奇迹》在湖南卫视播出，取得了较好的收视成绩；2009 年，世熙传媒再度与湖南卫视联合，共同完成了全民卡拉 OK 节目《挑战麦克风》的模式化，并将节目模式销往泰国。同年，江苏卫视从英国引进模式 *Who Dares Sing*，制作成中国版本节目《谁敢来唱歌》。

但是，这一阶段模式版权引进没有成为国内电视节目制作的主流[②]，主要原因如下：一是模式引进的效果并不好，在版权费用、操作理念与流程、创新品牌的归属等方面双方存在分歧。如 1998 年央视花费 400 万元购买英国 *Go Bingo* 并本土化制作成《幸运 52》之后，央视认为版权方并不考虑经营收益和性价比的问题，制作上提出一些没必要的要求；再如上文提到了《幸福街》联合制作过程中，就出现了各种困难。例如剧本写作方面，剧情客观上要求加入更符合中国文化以及实际情况的细节，而这并非外方提供咨询的工作人员可以做到的，因为他们并不了解微妙的中国文化；联合制作中的香港导演普通话说得不好，也不了解剧情中要求的北京生活。结果造成本地制作团队认为自己更了解本地情况，却不得不接受并不了解文化细节的外方人员的安排。另外，语言沟通方面也造成不少问题，中方写完剧本，要翻译成英文传递到外方，外方进行确认并修改，整个过程很困难（Keane，2007）。另外，央视对节目模式做了一定的创新，但是版权方要求创新归属原版模式的品牌体系，对此央视不愿意接受。所以双方合作一年就终止了合同，并商定《幸运 52》品牌归属央视[③]。二是

① Keane M., Fung A. and Moran A. New Television, Globalisation and the East Asian Cultural Imagination [M]. Hong Kong University Press, 2007.

② 甚至有学者认为在当年的中国，即使是引进的版权，人们也不愿意谈及引进版权的事情以及版权的来源（Keane，2002）。

③ 郭春. 综艺节目《舞林大会》卷入侵权纠纷 [EB/OL]. http://media.people.com.cn/GB/40606/4932402.html，2006-10-18.

当时国内并没有模式引进的环境，国内电视台仍没有模式版权引进的意识，模式引进后面临侵权的可能性较高，给模式引进方带来不确定性。由于在这一阶段国内节目制作的主流仍然是“模仿”，因此引进的模式比较容易被他人模仿。比如作为第一家从国外引入节目模式的独立制作单位，2006 年世熙传媒从英国引入 *Strictly Dancing With the Stars*，由于当时各大卫视都未产生模式购买的概念，因此他们手握模式却没有电视台问津。后来他们与浙江卫视终于达成协议，由浙江卫视出资买下 *Strictly Dancing With the Stars* 的中国大陆制作权，并将中文名定为《与星共舞》，但是又传出消息说一档相似的明星舞蹈竞技类节目将在其他卫视播出，并直接导致了世熙之后的维权行为。后来虽然世熙传媒一再声明只有他们才拥有 *Strictly Dancing With the Stars* 的正式版权，但是冠名商还是临时取消了对节目的广告投放。经过多方辗转，才最终确定与湖南卫视以及香港 TVB 合作制作出《舞动奇迹》节目①。

模式引进没有成为主流，但是“模仿”或者“克隆”现象却时有发生。比如上海东方电视台 2002 年的节目《财富大考场》被认为是模仿了英国 BBC 的 *The Weakest Link*；而 2005 年风靡全中国的《超级女声》节目的很多方面也被认为是模仿了当时全球已经流行的 *I dol* 模式，比如“个性强烈、讲话不客气且不能有太多面部表情的评委”“网络合作与短信投票”“与高票优胜选手签唱片约”等（Keane，2007）。由 20 多家地方电视台联合制作的节目《走入香格里拉》被认为带有不少国外真人秀节目《幸存者》的元素；湖南经济频道的《完美假期》被认为与《老大哥》（*Big Brother*）有类似之处；浙江卫视的《夺宝奇兵》和广州电视台的《峡谷生存营》等节目也被认为是跟随《幸存者》模式。

同一时期国际上对于电视节目模式版权的保护已经开始，因此对中国电视节目模式“侵权”的案例也时有发生。如国际节目模式制作公司 ECM 向国际节目模式监管机构 FRAPA 申诉，称 2002 年中国中央电视台的《正大综艺》节目的一些环节与一档英语节目《狗咬狗》（*Dog-Eat-Dog*）有“明显相似之处”，FRAPA 通知《正大综艺》存在侵权可能之后，《正大综艺》节目调整了节目模式以保证有“明显的不同之处”（Keane，2007）。此外，北京卫视购买了日本 TBS 节目模式《幸福家庭计划》（*Happy Family Plan*）制作成本土化节目《梦想成真》，节目取得成功之后，国内其他电

---

① 罗屿．电视秀模式：买还是不买［EB/OL］．和讯网，http：//tech. hexun. com/2014-03-06/162765816. html，2017-03-02.

视台（如四川卫视和浙江卫视）在不久后开始“克隆”这一节目，甚至用了同一个节目名称。TBS 后来向中国国家广电总局以及文化部提起了申诉，要求控制这种侵权行为，但是只是保护了商标和标识权（Keane，2007）。2004 年，湖南经济频道的节目《完美假期》被《老大哥》（*Big Brother*）原版模式的所有者 Endemol 委托律师劝说不要使用他们的模式。

二、2010~2014 年，模式大量引进阶段

这一阶段的特点是“模式引进”成为营销口号，“现象级”模式引进推动国内电视节目制作进入新阶段，同时也带动大量模式集中引进，相关政策干预开始出现。

从 2010 年开始，国内电视台开始明显加快了引进节目模式的步伐，而且开始以模式引进作为宣传点，节目制作方面强调“正版引进”。东方卫视通过 IPCN 国际传媒引进英国 *Britain's Got Talent* 模式制作《中国达人秀》于 2010 年 7 月 25 日正式开播，在当天以及 8 月 1 日和 8 月 8 日，先后在上海取得 8.0、13.1 和 12.9 的高收视率，位列本土市场收视第一，在全国也分别取得了 1.37、2.1 和 2.16 的高收视率，远超国内各大卫视的真人秀节目，成为同类型节目中的收视冠军①。2012 年，浙江卫视引进荷兰 *The Voice* 节目模式制作成《中国好声音》更是取得了引进模式节目空前的收视成功。

随着《中国好声音》的空前成功，“引进模式”似乎成了各大电视台取得竞争优势的制胜法宝。于是从 2013 年开始，全国各大电视台纷纷开始引进国外节目模式。2013 年成为中国电视节目模式引进的“井喷之年”。据不完全统计，2011 年和 2012 年，中国播出的引进模式本土化节目共 27 种，但是 2013 年播出的引进模式本土化节目就达 59 种（见表 2-2）。

① 百度百科相关资料，http：//baike.baidu.com/link？url=N9ENl__QnMXfkcG_GdD1ZtX-grZjByRdsxtgGBXeTTeLtwu6jQV1QxUgFXD_QaQ1oiDIhNjPH8TPwv5Vpub_ADEcB9HKkA4z19OtUC5LI2vVdykjJ8Yra-nw7gvNnjVSc1Ssp-3wMoHVALEgIckN7q.

表 2-2　2013 年部分国内播出的模式引进类节目

电视台	节目名称	国外模式	原创国家
中央电视台	《为你而战》	*You Deserve it*	德国
	《梦想星搭档》	*Clash of the Choirs*	美国
	《味觉大战》	*The Taste*	
	《幸福账单》	*Give Me Your Bill*	荷兰
	《超级减肥王》	*The Biggest Loser*	美国
	《开门大吉》	*Superstar Ding Dong*	爱尔兰
	《黄金 100 秒》	*Don't Stop Me Now*	英国
	《中国正在听》	*Rising Star*	以色列
湖南卫视	《爸爸去哪儿》	《爸爸！我们去哪儿》	韩国
	《我是歌手》	*I am a Singer*	
	《中国最强音》	*The X Factor*	英国
	《女人如歌》	*The Winner is*	荷兰
江苏卫视	《一站到底》	*Still Standing*	以色列
	《芝麻开门》	*Raid the Cage*	
	《星跳水立方》	*Stars in Danger*；*The High Dive*	德国
	《谁敢来唱歌》	*Who Dares Suings*	英国
	《世界牛人大赛》	*Beat the Best*	荷兰
	《最强大脑》	*Super Brain*	德国
浙江卫视	《中国好声音》	*The Voice*	荷兰
	《转身遇到 *TA*》	*The Choice*	美国
	《中国星跳跃》	*Celebrity Splash*	荷兰
	《爸爸回来了》	《超人回来了》	韩国
	《王牌碟中碟》	*Poker Face*	英国
	《奔跑吧，兄弟》	*Running man*	韩国
	《星星的密室》	*X-space*	美国

续表

电视台	节目名称	国外模式	原创国家
东方卫视	《中国达人秀》	*Britain's Got Talent*	英国
	《舞林争霸》	*So You Think You Can Dance*	美国
	《顶级厨师》	*Master Chef*	英国
	《争分夺秒》	*Minute to Win it*	美国
	《中国梦之声》	*American Idol*	
	《妈妈咪呀》	*Super Diva*	韩国
深圳卫视	《年代秀》	*Generation Show*	比利时
	《男左女右》	*The Battle of the Sexes*	荷兰
	《一键启动》	*The Gadget Show*	英国
	《清唱团》	*The Sing-Off*	
安徽卫视	《势不可挡》	*Don't Stop Me Now*	英国
	《黄金时代》	*The Best Years of Our Lives*	意大利
	《我为歌狂》	*Mad for Music*	荷兰
山东卫视	《中国星力量》	*K-pop Star*	韩国
	《爱情传送带》	*Conveyor Belt of Love*	美国
北京卫视	《最美和声》	*Duets*	美国
天津卫视	《天下无双》	*Copycat Singers*	瑞典
湖北卫视	《我爱我的祖国》	*I Love my Country*	荷兰
	《谁是我家人》	*Who is My Family*	
	《我的中国星》	*Super Star K*	韩国
	《如果爱》	《我们结婚了》	
广西卫视	《一声所爱大地飞歌》	*True Talent*	英国
	《大梦想秀》	*You've Got to be Kidding Me*	
	《猜的就是你》	*Identity*	美国
	《完美箱遇》	*Baggage*	
青海卫视	《老爸老妈看我的》	《第一次任务》	日本
重庆卫视	《奇迹梦工厂》	*Miracle Audition*	韩国

续表

电视台	节目名称	国外模式	原创国家
四川卫视	《两天一夜》	*2 Days & 1 Night*	韩国
贵州卫视	《完美邂逅》	*The Romantic*	韩国
辽宁卫视	《激情唱响》	*X Factor*	英国
广东卫视	《完美暗恋》	*Dating in the Dark*	荷兰
厦门卫视	《鸡蛋碰石头》	*The Kids are all Right*	英国
	《老爸拼吧》	*My Dad is Better Than Your Dad*	
河北卫视	《谁是高手》	*Odd One in*	英国

资料来源：根据汪恒（2014）和蒋晴（2015）综合整理。

三、2014年之后，模式引进进入新阶段，呈现新特点

为了分析这一时期引进节目模式的状况，我们需要一个有代表性的样本。本书这部分的做法是用“综艺大巴”网站上列举的当前正在播出的综艺节目作为样本，分析引进节目模式状况。综艺大巴（http：//www.zongyidaba.com/）共收集了370档综艺节目，其中既包含在各大电视台播放的综艺节目，也包括并未在电视台播放的国内几大视频网站所自制的综艺节目。初步统计，其中有52档节目（包含原引进模式的更新季节目）是版权引进或者与国外联合制作，共涉及38个节目模式版权或者中外联合制作项目。其中韩国节目模式或联合制作项目最多，共24个，其他的模式分别来自美国（6个）、英国（3个）、荷兰（1个）、瑞典（1个）、日本（1个）、德国（1个）、中英韩联合制作1个。总体来说，2014年之后的模式引进与合作呈现出如下特点：

1. “版权引进”减少，“联合制作”增多

在上述38个与外方相关的节目模式当中，“版权引进”类的有24个，其他14个为“联合制作”。相比较而言，联合制作过程中中方参与度更高。

2. 又开始出现模仿类的“非模式引进”节目

比如安徽卫视的《谁是你的菜》与韩国的《拜托了冰箱》、湖北卫视的《非正式会谈》与韩国的《非首脑会谈》、黑龙江卫视的《见字如面》

与英国的 *Letters Live*、央视的《客从何处来》与 BBC 的 *Who Do You Think You Are*、腾讯视频的《吐槽大会》与美国的 *Comedy Center Roast*、东方卫视的《中国式相亲》与英国的 *Meet the Paraents*、中央电视台的《加油向未来》与荷兰的 *The Eureka Moment*。这些节目都不是模式引进类节目，但是其节目模式都存在模仿国外某播出时间更早的电视节目。

3. 引进模式类节目在新节目中的比重越来越低

从首播时间来看，52 档引进模式类节目中，有 39 档节目首播时间是在 2014 年之后，其中有 14 档首播时间为 2014 年（2014 年首播的节目共 51 档），20 档首播时间为 2015 年（2015 年首播的节目共 136 档），4 档首播时间为 2016 年（2016 年首播的节目共 107 档），而截至 2017 年 3 月，首播的有 1 档（2017 年首播的节目有 9 档）。可以看到，2014~2016 年，首播的引进模式类节目的比重越来越低，2014~2016 年，这个比重分别为 27.45%、14.7%和 3.7%。引进模式类节目比重越来越少，且在 2016 年之后绝对数量也急剧下降，可能有两个重要原因，一是国内电视节目制作机构的模式原创能力在提高，二是相关政策限制的影响。2016 年 6 月，国家广电总局发布了《关于大力推动广播电视节目自主创新工作的通知》，该通知对电视节目模式引进做了最严格的限制，除了要求引进节目模式要严格备案之外，还明确规定“各电视上星综合频道每年在 19：30—22：30 开播的引进境外版权模式节目不得超过两档”；“每个电视上星综合频道每年新播出的引进境外版权模式节目不得超过一档，第一年不得在 19：30—22：30 之间播出。”这一政策对于节目模式引进的限制作用可以想象，对于节目模式引进方来说，由于引进模式第一年不能在“黄金时段”播出，因此预期收视以及预期收益将显著下降，从而也无法支撑节目更高的制作成本，因此除非出现令人意料之外的“黑马”型的节目模式，否则各电视台引进节目模式的热情必然迅速下降。

4. 引进模式类节目的类型在多样化

在统计的 50 多档引进模式类节目当中，真人秀节目是最多的，有 34 档；其次为音乐类，有 11 档；但是也出现了科学类（《最强大脑》）、美食类（《拜托了冰箱》）、创业类（《合伙中国人》）、情感类（《魅力野兽》）、游戏类（《一站到底》）和其他类（《巅峰拍档》）节目，这些节目当中除了《一站到底》的首播时间在 2012 年外，其他节目都是 2014 年之后首播的。

第三章 电视节目模式国际贸易：动因及对全球电视节目产业的影响

本章从经济学视角出发，从理论上深入分析21世纪以来电视节目模式国际贸易规模扩大的动因及其对全球电视节目产业的重大影响，我们认为需求、供给以及交易成本的变化是21世纪以来电视节目模式国际贸易规模扩大的主要背景和动因；模式贸易的发展带来了电视节目产业在全球范围内分工和专业化的深化，将规模经济效应、劳动分工与专业化效应及服务外包效应从电视节目播出领域拓展到制作领域，帮助解决了电视节目产业“文化多样性”和“产业标准化”之间的矛盾，在满足产业效率提升的同时促使文化多样化的回归，在一定程度上有可能缓解甚至改变电视节目成品领域“单向流动”的现状；而节目模式贸易背景下发生的合作学习效应、成本倒逼效应以及环境培育效应可以帮助后进国家或地区的电视节目产业实现跨越式发展，实现从进口模式到原创模式的过渡。

第一节 电视节目模式国际贸易迅速发展的动因分析

任何一个市场的形成都是由三个方面的因素决定的，即供给、需求和交易成本。

一、供给侧动因

电视节目制作成本高且成功概率低，独立节目制作机构之间竞争激烈为电视节目模式国际贸易的发展提供。

1. 电视节目总制作成本提高，而成功的节目少

文化产业领域的“赢者通吃”现象在电视节目领域同样存在，这导致两种结果：一是新节目失败的概率很大；二是制作方希望最大限度地利用

为数不多的成功节目的“衍生效应”。电视节目模式就是广受欢迎的电视节目的“重要衍生品”。据研究，全球范围内的商业电视台开发的新节目中大约有一半在首次播映后失败，而平均在8个节目中只有1个能取得长期成功（PACT，2014）。在节目模式贸易过程中，模式引进方关注的一个重要的参考指标是该模式在其他国家播出后的收视情况及效果记录（Chalaby，2015b），这使得引进版权类节目虽然在引进方的国家或地区属于“新节目”，但是失败的概率大大下降。

2. 独立节目制作单位的市场竞争越来越激烈，节目模式帮助它们拓展国际播出平台

20世纪90年代后，英国取代美国成为节目模式最大的出口方，英国也出现了大量的电视节目模式。其中一个重要的原因在于20世纪90年代早期，英国政府颁布《独立电视法案》要求电视频道至少1/4的节目必须来自独立的节目制作商，以促进节目内容的多元化。这项政策增强了电视节目“制播分离”程度，促进了市场竞争，激发了独立电视节目制作商创新和投资节目开发的热情。英国也取代美国成为国际电视节目模式的领军者（张建珍和彭侃，2013）。与电视节目播出平台数量相比，独立节目制作单位的数量要大得多。例如，在英国可以购买独立制作节目的电视台基本上就有四家：BBC、ITV、第4频道和第5频道。而独立电视节目制作单位则数以百计，需要竞相向上述四家电视台销售其制作的节目。2013年，与BBC合作的独立节目供应商有296家（2012年为290家），ITV有89家（2012年为81家），第5频道有59家（2012年为57家），第4频道2012年有300多家。从收入水平看，ITV 2013年收入达到27亿英镑，BBC 51亿英镑，而英国排名前153的独立制作公司在2013年的平均收入为0.131亿英镑，与播出平台相比，实力相差极为悬殊（Charlaby，2015）。在这种情况下，独立制作单位在提高节目质量的同时，势必希望拓展播出平台，扩大自制节目的市场，将播出平台拓展到国外，但是在国外又容易遭遇文化折扣问题，因此抽离出不具备文化折扣的“节目模式”，卖到其他国家的播出平台，制作成本土版，就成为“理性选择”。根据英国独立电视制作机构协会（PACT）2012年的《政策调查与财务调查》，从2008年开始，英国独立节目制作机构的节目在英国国内收入就开始下降，而其收入增长则主要来自于国际市场，出口收入的增加弥补了国内市场的萎缩（见表3-1）。2011年，英国电视业国际收入在总业务收入中占比达到39%。

表 3-1 英国独立节目制作机构的收入结构 单位：亿英镑

年份	电视类收入	非电视类收入	总收入	电视业国际贸易收入			
				版权	节目	其他	总收入
2004	14.92	1.05	15.97	1.03	—	2.15	3.18
2006	17.53	1.99	19.52	1.07	0.36	3.51	4.94
2007	18.94	2.42	21.36	1.18	0.28	3.10	4.56
2008	20.16	1.75	21.90	1.07	0.63	2.79	4.49
2009	19.99	2.25	22.23	1.15	0.70	3.69	5.54
2010	21.45	1.93	23.38	1.54	0.87	4.95	7.36
2011	22.27	1.67	23.93	1.65	1.19	6.52	9.36

资料来源：引自袁靖华和刑瀚元（2014）。

3. 美国在成品节目领域压倒性的优势使英国等欧洲国家的电视节目产业挖掘自己的比较优势，以模式出口作为其电视节目出口的重要组成部分

巨大的市场规模和产业优势使美国好莱坞奠定了其作为世界影视文化产业集聚区的地位，而影视文化产品显著的规模经济效应又使美国那些投资额巨大的成品电视节目可以以极低的价格出口到其他国家。因此，至少在21世纪初之前，好莱坞在全球电视节目出口收入中，大概占据75%的份额（Havens，2006）。而且关于电视节目出口的文献的研究结论多数是“单向流动”，即电视节目从美国流向世界其他国家（Kuipers，2011）。“对于美国电视节目在世界电视节目市场上占据统治地位，几乎没有人怀疑”（李怀亮，2004）。面对越来越困难的竞争态势，同样具有出口愿望的英国电视节目只能寻求自己的比较优势（Keane，2007），寻求以“电视节目模式”作为其出口产品，并成为美国电视节目成品的“供应商”，从而融入电视节目成品制作的全球价值链当中（Freedman，2003）。

二、需求侧基础

节目播出平台的增加对新节目产生大量需求；观众对电视节目模式需求趋同化和内容需求多样化并存，为模式和内容的分离奠定需求侧基础。

1. 节目播出平台的增加对新节目产生大量需求

21世纪后，在发达国家的电视市场上，有线电视频道、卫星电视频道

等付费电视频道大量出现，电视节目市场竞争突然激烈起来（Charlaby，2015）。一方面，对节目需求的增加使得电视运营者开始接受购入模式进行本土化的想法；另一方面，新兴市场有大量的本地化内容，却没有制作经验，引进模板可以降低不少成本和风险。

2. 电视节目模式结构的趋同化与消费偏好的多样性共存

世界各地对电视节目类型的需求有趋同趋势，但是对节目内容的偏好又具有差异性，这就使电视节目中“可标准化”部分和“不可标准化”部分非常明显。“趋同性”使节目制作方可以采用相同的模式来制作节目，而内容需求的差异性又要求制作方在同一模式下加上不同的内容。例如，即使是场景流程完全相同的两个节目，只要节目的参与者不同，就会成为两个节目，它们的目标观众可能不同也可能重合，这就为电视节目模式全球化创造了较大的可能和空间。其实在电视节目贸易产生初期的20世纪50年代，英国第一家独立节目制作公司的领导Beryl Vertue就发现制成的电视节目在销售时遇到困难，于是就想到将模式总结出来销售。

三、模式的国际交易成本降低

模式版权保护大大进步、全球制作网络、通信和交通技术的进步、节目模式遭遇贸易壁垒较少等因素大大降低了模式国际交易成本。

1. 国际知识产权保护状况的完善以及模式版权市场的出现推动了电视节目模式国际贸易的大发展

1999年，蒙特卡罗电视节上开创了第一个电视模式市场。2000年以来，模式数量就剧增，范围扩大，大量娱乐节目在全球流通。有研究报告表明，2002年以来，全球模式节目的播出时长增长了22%，播出的模式数量增长了1/3。伴随着交易量和范围的扩张，各类权利纠纷也相继出现，进而出现了业内比较认可的国际模式权利保护组织，如2000年4月成立的国际模式权利保护协会（FRAPA）和2004年成立的国际模式律师协会（IFLA）（殷乐，2014）。随着这些机构和系统的出现，电视节目模式的跨国交易系统已经可以得到一个比较完善的国际规制制度的保护（Chalaby，2015）。

2. 跨境联合制作的成本下降

一是世界主要电视商，开始加速建立全球制作网络，在世界各地与当地的电视播映商合作制作模式节目，大大减少了跨国联合制作节目的沟通和交易成本。如索尼影视国际已经开始在世界上九个地区生产电视内容，并在法国、德国、中国香港、意大利、迈阿密、西班牙、英国设立办事处；2007 年 BBC 国际建立了“节目工厂”，并且开始拓展当地生产业务。BBC 国际在澳大利亚入股了当地著名电视内容生产创意公司——Freehand Group，在美国纽约和洛杉矶开设了制作办公室进行节目制作。二是信息和交通技术的迅速发展使各国电视台可以迅速了解世界各地的电视节目动向，降低了搜索成本和沟通成本，使得跨国联合制作的可能性和效率大大提高。

此外，20 世纪 90 年代以来，一些起步于欧洲某些单个国家的有线电视台通过不断地兼并收购等方式而逐渐“泛欧洲化”，不断地将传播单位由欧洲某一国家拓展到整个欧洲的多个国家甚至欧洲之外。这种跨国媒体在整个欧洲乃至世界范围内开设不同语言、不同传播范围的频道。它们所开设的频道很多是本地化的，但是这众多“本地化”的频道往往都归属同一个媒体集团，这样就形成了一个经济上实现规模经济效应以及创意的“合力效应”的良好基础，形成了各种资源和要素进行公司内部交易、传递和分享的机制。其中一个重要的机制就是将其中一个频道的优秀节目发展成可以在其他地区频道本土化的节目，于是节目模式就实现了“公司内部交易”，这也为进一步实现公司外部的市场交易奠定了一定的基础。当集团内部的节目模式需要超越集团所处的地理边界而进入更多的区域时，模式国际贸易就发生了。

例如，著名的模式研发公司 FremantleMedia 就隶属于最早实现“泛欧洲化”的媒体集团 RTL 集团，是该集团下属的节目制作机构。截至 2008 年，RTL 集团在 11 个欧洲国家开设 44 个免费电视频道。而其下属的 FremantleMedia 其实是全球各个国家节目制作中心的一个联合体，各个制作机构都还保持相对的独立性，也对其自己的节目 IP 具备一定的控制权。但是公司也成立了几个部门来负责协调和协助各个机构的创意过程，并负责各机构所制作的节目 IP 的国际化商业开发。另一个部门叫 Worldwide Entertainment，它的主要职责就是调整和处理隶属于集团下的英国、美国、澳大利亚、荷兰、丹麦、德国和法国的节目模式，使这些节目成为潜在的国际热门。他们成立“模式医院”来为各地开发团队提供帮助，为他们打磨创意想法，同时也负责这些模式的国际化过程，提供相关的工具（如模式圣经、飞行制作人等），也负责节目的海外质量控制和模式保护。

3. 节目模式本身“文化性”较弱，受到相关文化政策的影响比较小

如一些文化帝国主义视角的研究认为节目模式流动更容易逃避贸易配额和审查制度，甚至有些模式引进方认为节目模式允许填充开放性的

文本，可以带来“文化的衍生空间”。此外，本地观众有解读和抵抗的巨大潜力，会主动选择那些与原有文化产生共鸣的内容产品（汪恒，2014）。

第二节　电视节目模式国际贸易对全球电视节目产业的影响

电视节目模式国际贸易的发展及规模扩大，其意义非凡，它促进了全球电视节目制作的产业链分解，极大地强化了电视节目制作过程的“可标准化”。这里要强调电视节目制作过程的“可标准化”和电视节目成品的“可复制性”的区别：后者是指信息技术的发展使电视节目成品可以以极低的成本进行“复制”，是电视节目产业形成以来就业已存在的现象；而前者是指电视节目制作模式的“可标准化”，是进入21世纪后十几年来迅速发展的现象。为了理解这种“可标准化”对电视节目产业的重大意义，需要深入分析文化产业的关键特征以及电视节目成品贸易中的一些重要现象。

一、文化产业的定义与特点：文化多样化与产业标准化要求之间的矛盾

“文化产业”这个词本身就带有“文化”和“产业”这两个相互联系又存在一定“矛盾性”的方面。“文化产业”一词最早见于20世纪30~40年代法兰克福学派的早期作品中，但是它们痛斥艺术商品化，认为艺术商品化将为资本主义社会和“流行文化产业”的兴起提供意识形态上的合法性。对文化产业持悲观态度的观点认为，文化和经济相互敌对，两者由完全不相容的逻辑所推动，而当人们试图将两者融合时，文化的完整性总会遭到破坏。不同国家、地区、国际组织在对文化产业做定义时都顾及了“文化”和“产业”两个方面，如联合国教科文组织把文化产业定义为“按照工业标准生产、再生产、储存以及分配文化产品和服务的一系列活动”，并认为“小规模、零散的，没有按照生产、流通、销售这样的一个循环去生产文化产品就不属于文化产业”；英国政府将文化产业定义为“那些出自个人的创造性、技能及智慧和通过对知识产权的开发生产创造

潜在财富和就业机会的活动”，此定义中的“知识产权”就是在强调“产业性”；芬兰文化产业委员会对文化产业做了四个层面的定义，以服务于不同政策目标的需求：第一，以文化价值或文化意义为基础的生产活动；第二，艺术创作、传统和现代的艺术作品、艺术展览和文化传播活动；第三，与商业运作、听众和观众规模以及文化和艺术作品的传播扩大能力有关的商业活动；第四，指文化企业，把文化和艺术的创作看作是企业的行业（罗立彬，2013）。上述定义虽说法不同，但都在一定程度上强调了文化产业的产出在保持“文化差异性”的同时，还应当具有一定的“可复制”“可标准化”的特性，而这也是文化产业之所以为“产业”的根本特征，或者说，“可复制”“可标准化”的程度体现的是文化产业的“产业性”，它的程度越高，产业性越强；而其差异性和创新性则是“文化性”的体现。文化产业是否具备竞争力，除了在于其是否具备“文化内涵”外，另一个重要的影响因素就是在多大程度上能够发挥产业所具备的“可复制”优势。

然而，从经济学角度看，文化产业中“文化性”所要求的“差异化”总是与产业性所要求的“大规模生产”之间存在天然的矛盾。在市场需求总规模给定的情况下，“差异化”的文化产品种类越多，每一个种类的生产规模就越小；相反，提高单个种类产品的生产规模，那么市场能容纳的产品种类又下降了。再考虑到文化产品生产所具备的显著的规模经济效应，则“差异性”越强，意味着每种样式的产品的生产规模越小，平均成本就越高；而这与“产业性”中强调的“可复制”所要达到的“平均成本下降”的目标相互抵触。可以说，文化产业的发展一直伴随着两者之间的矛盾及与此相关的争议，文化性和产业性之间“此消彼长”。

二、本地市场效应、网络外部性与成品电视节目贸易中的“单向流动”

上文提到，文化产业发展过程中一直伴随着“文化性”和“产业性”两者之间的矛盾。解决这一矛盾的重要途径是“扩大市场规模”，国际贸易的发展使这一条件得以实现。根据“产业内贸易”理论的预测，以需求多样化、报酬递增、不完全竞争为基础的“产业内贸易”可以为消费者带来“更多产品样式”和“更低的价格”，因此电视节目成品贸易不会导致“多样化缺失”，但是现实情况是，至少在21世纪初之前，好莱坞在全球电视节目出口收入中，大概占据75%的份额（Havens，2006）。而且关于电视节目出口的研究结论多数是“单向流动”，即电视节目从美国流向世界其他国家（Kuipers，2011）。“对于美国电视节目在世界电视节目市场上占据统治地位，几乎没有人怀疑”（李怀亮，2004）。

对于国际上电视节目“单向流动”的现象，经济学家们给出了理论解释（Siwek，1988；Jayakar 和 Waterman，2002）。主要是基于国际贸易领域中由 Helpman 和 Krugman（1985）[①] 提出的“本地市场效应”理论，指在存在规模经济报酬递增时，如果存在运输成本，异质性产业趋于集中在较大的市场。一个较大的国内市场可以作为出口的基础。电视节目产业是符合“本地市场效应”理论的假设条件的：首先，电视节目制作具有明显的规模经济效应，“固定成本与变动成本之比极高”是包括电视节目在内的文化产品生产的突出特点；其次，虽然电视节目国际贸易似乎没有显著的运输成本，但是却面临着“文化折扣”，它和运输成本一样构成国际贸易的成本。

美国电视节目国内市场巨大。2014 年，美国电视广告市场规模达到 670.62 亿美元，稳居世界第 1 位，是排在第 2 位的中国市场规模的 4 倍多，排在第 2 位到第 9 位的国家电视广告市场规模总和是 661.46 亿美元。这一巨大的市场规模就可以支撑美国对电视节目制作投入巨大的资金，如美国福克斯电视公司出品的电视剧《24 小时》每集的制作成本高达 250 万美元，到 2009 年之前制作完成的 120 集总成本高达 3 亿美元[②]，巨大的投资规模提高节目制作质量，采用更多的“明星”或“特殊效果”，加上英语在世界各国的普及程度，使美国的电视节目出口他国时所面临的“文化折扣”大大低于其他国家向美国出口时面临的“文化折扣”。不仅如此，随着美国电视节目成功进入国际市场，其市场规模则进一步扩大，据统计，2000 年，美国电视节目海外销售额占其总收入的比重已经高达 35%（Haven，2006），这进一步强化了它的“本地市场效应”，使其节目投资规模进一步增加，从而形成“良性循环”。美国电视节目的“单向流动”现象如此显著，使得在媒体经济学领域，对于“本地市场效应”的实证检验也是建立在观察一国市场规模与其美国电视节目进口比重的关系基础上的，或者检验一国市场规模与其国内节目播出比重的关系。Waterman 和 Rogers（1994）以及 Dupagne 和 Waterman（1998）分别对 9 个东亚国家和西欧 17 个国家的进口节目进行研究，证明了一个国家的 GDP 或者广播电

① 赫尔普曼和克鲁格曼（2014）。

② M. Curtin and J. Shattuc. The American Television Industry [M]. BFI Publishing，2009.

视基础设施越大，国产节目的比例就越大，对进口美国节目的依赖度也就越低。

除了供给方面的“本地市场效应”之外，文化产品消费的“网络外部性”特点（Gunther G. Schulze，2011）也有助于解释美国电视节目在国际市场上的“统治”地位。有人将“消费的网络外部性”称为“消费的规模经济效应”（Katz 和 Shapiro，1986），即当下使用某产品的消费者基数越大，该产品的吸引力越强。人们发现自己所消费的产品被更多人消费时，其从该产品消费中获得的效用会更高（Janeba，2007）。文化产品消费之所以具备这种特点，一是由于文化产品消费具备“社交功能”（周端明，2005）。二是由于存在搜索成本，在搜索成本较高的情况下，消费者对某一文化产品的需求可能极为集中（Burke，2011）。此时，人们对某种文化产品的需求成为该产品现有消费者数量的增函数。三是由于文化产品消费存在“正向成瘾性”（Positive Addiction），即人们对某种形式文化产品的欣赏能力是其过去消费的函数（Stigler 和 Becker，1977），因此伴随人们对某种文化产品消费的累积会形成“消费资本”，使消费者从该文化产品消费中获得的边际效用增加，且在收入和产品价格不变的情况下使人们对该文化产品的需求曲线右移。四是由于文化产品消费具备不完全替代性（Rosen，1981），如 A 产品质量是 B 产品质量的 2 倍，但消费者仍然不认为两个单位的 B 产品可以替代 1 个单位的 A 产品，即质量和数量之间不能相互替代。由于美国电视节目现有消费者基数较大，“网络外部性”使美国电视节目更具吸引力，从而形成“良性循环”。

三、电视节目模式可贸易：效率提升、多样化回归与国际化空间扩展

1. 电视节目模式可贸易提升文化产品生产效率

电视节目模式将电视节目制作过程中“可标准化”部分总结与抽离出来，使模式和内容先是相分离，然后再通过版权交易、服务外包等模式将两者进行“排列组合”，产生更多节目，大幅度提高节目生产效率，拓展了电视节目产业化空间，当版权交易和服务外包跨越国界时，就进一步拓展了电视节目的国际化空间。

第一，规模经济效应从节目播出阶段拓展到节目制作阶段。在模式可贸易之前，模式与内容糅合在一起，一种模式应用于一种节目；而当模式从节目中抽离出来形成版权并进行贸易之后，最成功的节目模式可以与几

十个甚至上百个国家和地区的本土化内容结合，迅速形成30多档不同的节目（张建珍和彭侃，2013）。模式的研发费用可以在与多种本土化内容结合过程中得以分摊。对于所有本地市场，本土化节目都是“新节目”，模式的“可复制性”极大地拓展了其“规模经济效应”发挥作用的空间，一方面使“新节目”的成本下降，另一方面大大提高了“新节目”成功的概率。据统计，2006~2008年，有445个原创节目模式被出口，创造了1262个节目和54383小时的模式类节目（FRAPA，2011），也就是说，平均每个节目模式被制作成2.84个节目，平均每个节目模式带来了122.2小时的模式类节目。2015年，世界上流传度最广的电视节目模式《百万富翁》（*Millionaire*）已经在117个国家和地区进行了本土化，最后一个本土化的国家是吉尔吉斯斯坦（Chalaby，2016）。另一个新现象是，随着大型模式提供商在全球多个国家和地区设立分支机构或合资公司，一些模式在“原创国”失败了，却在其他国家取得了成功，如总部位于英国伦敦的Fremantle Media集团名下的相亲节目模式“*Take me Out*”① 原本是集团在法国的分公司原创的模式，但是在法国没有被当地电视台采纳，却在亚洲取得了成功。有些模式最初在原创地失败，但在其他国家和地区取得了成功后又再次回到原创地并取得成功，如Endemol公司的模式“*Deal or No Deal*”最初是为美国市场打造的，可是在美国ABC电视台播出后却并没有成功，于是被ABC电视台放弃，但是后来节目在英国播出后非常受欢迎，之后节目的概念又被卖回到美国的NBC电视台，结果取得了成功（Chalaby，2016）。

第二，专业化与劳动分工效应。模式贸易带来的是节目制作产业分工的深化。节目制作过程分为“模式设计”和“内容制作”两个环节，在模式市场形成之前，模式设计人员和内容制作人员属于同一团队，无法清晰分工和专业化，即使专业化也只限于团队内部，很难在不同团队之间进行专业化与分工，更难以在不同国家团队间进行专业化与分工。模式贸易出现之后，就出现了专业人员分别进行“模式设计”和“本土化内容提供”。如《中国好声音》节目的制作就可以视作专门负责模式设计的原版版权方和专门负责本土内容提供的中方被授权方的合作。这种专业化分工会提高节目制作的效率。

第三，市场合约和企业内部合约相结合的服务外包效应。电视节目模式授权过程中的“联合制作”的合作方式，类似于服务外包的制度安排，

① 这个模式也制作了中文版节目，即湖南卫视播出的《我们约会吧》。

节目制作团队通过“市场合约”方式寻找并确定模式的专业研发团队，但是在具体节目制作过程中，与模式设计团队之间合作进行的“劳务活动”却是通过“企业内部合约”方式来执行的。前者发挥了市场进行资源配置的高效率，后者又避免了过高的交易成本，综合运用了人力资本的市场合约配置和劳务活动的企业内部合约配置的双重优势（江小涓，2008b），极大地提高了节目生产制作效率和水平①。

2. 全球统一模式与本土化文化内容的结合，提高了本土文化在本土市场受到关注的可能性，降低了落后国家被发达国家“文化入侵”的可能性

在模式与内容无法清晰分工的情形下，由于模式与内容是一个整体（见图 3-1），观众在受到模式吸引的同时，必然会关注搭载在模式上的某一国家文化的内容，这就使在包括模式研发在内的节目研发比较成功的国家，其文化内容也会随着模式被“出口”，这种制度安排客观上有利于电视产业发达的国家（主要是发达国家）向电视产业相对落后的国家（主要是发展中国家）进行所谓的“文化入侵”。相反，在模式与内容可以分离，并形成模式全球化的情形下，由于全球化的模式可以与任意民族文化内容相结合，且由于本土化内容在本国不存在“文化折扣”问题，因此全球化模式加本土化内容首先可以帮助抵御发达国家文化内容进入，使“民族文化”有了高效率得到关注的平台②（见图 3-2）。在国际上业已取得成功的电视节目模式会产生品牌效应，强化观众忠诚度、吸引新的观众并抵御竞争（Walter McDowell 和 John Sutherland，2000）③。不仅如此，全球化的节目模式被引进之后，有时会导致一些地区电视节目的风格多样化，如中国从 1998 年开始引进国外节目模式，这其实也拓展了中国电视节目的用词方式、主持人风格以及节目视觉形象，从原本严肃的宣传纪录片式的表达方式扩展为多种轻松且与观众互动的节目风格，从而以更为多样化的形式展

① 关于服务外包如何兼具人力资本的市场配置和劳务活动的企业内部合约配置，详见江小涓（2008b）。

② 比如荷兰的“好声音”模式没有与荷兰原版的“好声音”节目相分离而成为独立的模式并且“全球化”，那消费者可能只会看到“荷兰好声音”，而无法通过“好声音”的形式关注到包括中国在内的多个国家的“好声音”。

③ Walter McDowell 和 John Sutherland（2000）通过三个同一时段的新闻节目的自然实验发现品牌效应高的节目与其前时段节目相比观众增加最多，保留观众更多，也更明显地促使观众从其他台转过来。

现中国本土的文化内容（Keane，2007）[①]。由于兼具全球化和本土化两种优势，媒体研究界将这一类节目称为“全球本土化”（Glocalization）[②]。

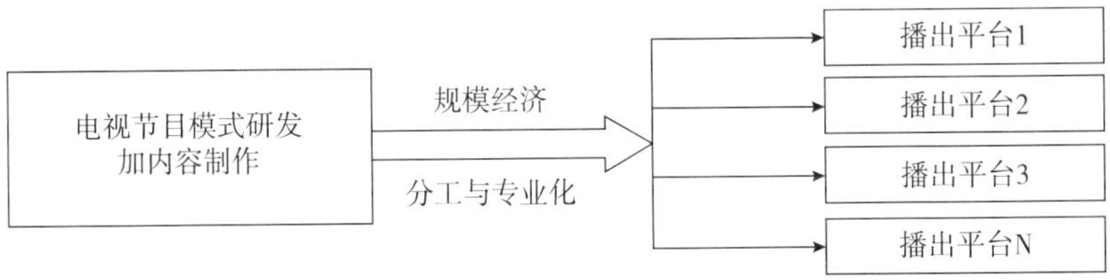

图 3-1　电视节目模式可贸易之前

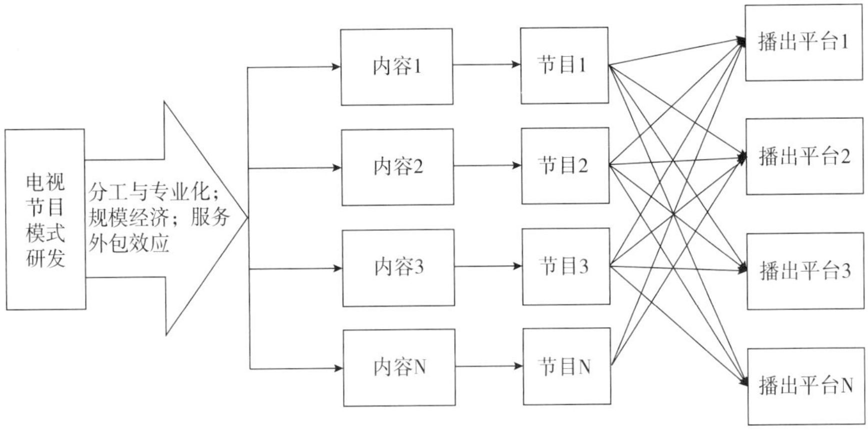

图 3-2　模式与内容可以分离的情形

模式贸易提高本土化节目在本地市场被关注的机会，可以从好莱坞开始涉及“剧情类模式贸易”的现象中得到印证。在 20 世纪的大部分时间里，好莱坞的电视节目制作商的运营方式是“生产具备普遍吸引力”的节目内容然后“单向流动”到全世界，每年价值 80 亿美元的贸易额由好莱坞的六家大公司占据着大部分。它们没有预料到有一天它们需要去照顾各国和各地区的“本土偏好”。而且最初它们是将模式贸易视作对其成品节目贸易的威胁，因此迟迟不愿意将其所拥有的模式进行授权或出口。但是，由于欧洲国家独立节目制作商开始大规模地进行模式出口并针对各国各地进行本土化制作，加上一些国家和地区有相关法规规定电视台必须播

①② Keane M., Fung A., and Moran A. New Television, Globalisation and the East Asian Cultural Imagination [M]. Hong Kong University Press, 2007.

出一定比重的本土制作节目，好莱坞电视公司发现它们的电视剧在一些国家的播出时长开始缩短了，于是好莱坞才开始进入“本地化”节目制作阶段（Chalaby，2015b，2016）。也就是说，恰恰是因为担心模式贸易会“威胁其成品节目录像带在全球的销售”，好莱坞六家大公司才迟迟不愿意授权其“剧情类节目模式”，直到最近才在世界范围内繁荣的模式贸易的巨大压力下，开始涉足剧情类模式贸易领域，并迅速成长为全球第二大剧情类模式出口地（见表3-2）。从这一案例中可以清楚地看到，节目模式的贸易其实是可以保护相对落后国家的文化市场不被好莱坞大公司制作的文化内容所占据的有效方式。从这个意义上看，在相对落后国家的国内市场，文化多样性可以得到保护。Esser 和 Jensen（2015）指出，与全球化模式结合的本土化内容可以体现在节目场景、方言、幽默、地域性产品、制度、惯常思维以及社会文化问题等多个方面，并且让观众产生民族身份认同。

表 3-2 近年来好莱坞大公司出口的剧情类节目模式

所属公司	剧集名称	授权本土化地区
NBC Universal	Law & Order	俄罗斯（NTV，2007）
		法国（TF1，2007-2008）
		英国（ITV，2009）
21 世纪 FOX	Prison Break（2005-2009）	俄罗斯一频道
	24（反恐 24 小时）	印度
	It's Always Sunny in Philadelphia	俄罗斯
	Tru Calling	俄罗斯
	Malcolm in the Middle	俄罗斯
迪士尼	绝望的主妇（Desperate Housewives）	阿根廷
		哥伦比亚/厄瓜多尔
		巴西
		土耳其
		美国的西班牙语媒体 Univision
		尼日利亚（《绝望的主妇》非洲版）
	实习医生格蕾（Grey's Anatomy）	墨西哥
	复仇（Revenge）	土耳其

续表

所属公司	剧集名称	授权本土化地区
华纳兄弟	整容室（Nip/Tuck）	哥伦比亚
	绯闻女孩（Gossip Girl）	拉美
	橘子郡男孩（The O. C.）	土耳其

资料来源：Chalaby（2016）。

除了内容本土化之外，模式本身在被引进后，也会针对本土的生活习惯和文化差异方面的特点进行本土化改造，以防止出现“水土不服”的现象。中国近年来对引进模式也进行了相应的本土化改造，如表 3-3 所示。

表 3-3　国内部分电视节目模式本土化情况

节目名称	模式引进方	模式输出方	本土化内容
中国好声音	浙江卫视和灿星传媒	荷兰（*The Voice of the Holland*）	增加了挖掘声音背后情感故事；舍弃观众场外投票机制，新增 99 家媒体评审打分环节以符合国家规定
爸爸去哪儿	湖南卫视	韩国（《爸爸！我们去哪儿》）	新增本土化片头及主题曲；加快节目叙事节奏，使得情节更紧凑；增加戏剧冲突，把握观众关注度；增加配乐和音效、独白等信息元素
中国达人秀	东方卫视	英国（《英国达人秀》）	关注选手内心世界，引发观众对价值观、人生观的思索，进而对选手文化和身份认同；突出中国民间艺术和中国传统文化特色；节目包装更加突出中国人传统的“家”文化
梦想合唱团	中央电视台	瑞典（*Clashes of The Choirs*）	淘汰制改为积分制；明星角色从指挥改为主场；节目的公益和家乡、明星、队员的关联性减弱，注重煽情效果
顶级厨师	上海东方卫视	英国 BBC（*Master Chef*）	西餐制作变为中国主题和菜系的比拼较量；偏向“有故事”的参与者，采用“故事化”的叙事策略

资料来源：引自蒋晴（2015）。

3. 全球化的电视节目模式为本土化的内容提供了最适合出口的形式，使许多在全球并不受关注的“民族文化”有了更多受关注的机会

全球化模式的品牌效应降低了国外市场对本土文化产品的认知成本，使国外市场对本土化内容的接受度提高，从而使许多在全球并不受关注的“民族文化”有了更多受关注的机会。全球消费者接触多样多民族文化的成本下降。全球范围内，人们接触到的文化内容样式也增加，文化多样性不会被损失。如中国版《我是歌手》是引入韩国的版权，所以在中国播出之后，也立刻引起了韩国观众的兴趣，尤其在引入韩国歌手后，在网络上可以直接找到韩国歌迷对中国版《我是歌手》的评论。2017 年后，中国版《我是歌手》节目更名为《歌手》，并陆续引入哈萨克斯坦歌手迪玛希、菲律宾歌手谭定安、保加利亚歌手克里斯蒂安·科斯托夫、英国歌手洁茜，提升了这档节目的国际影响力，也使它得以在哈萨克斯坦播出[①]。据有关媒体报道，《俄罗斯好声音》也由著名的歌手和制作人作评审来评论素人歌手，这类节目发掘了非常多的新生代艺人，也因为俄罗斯人在艺术及歌唱上的天赋得天独厚，让这类节目跟着红到了国外[②]。

由 Helpman 和 Krugman（1985）[③] 提出的关于中间投入品贸易的理论可以很好地解释电视节目模式由“不可贸易”向“可贸易”转变所产生的效应。在 Helpman 和 Krugman 看来，如果差异化的中间投入品不可贸易，而最终产品可贸易，那么即使两个国家生产要素禀赋完全相同，依然可能产生产业间贸易；这正好适合解释电视节目模式不可贸易之前的情形：由于电视节目模式可贸易性很差，而电视节目本身的可贸易性较强，所以就导致了在电视节目模式所在国出现了所谓的“产业综合体”，并集中在一个国家，再加上“本地市场效应”的强化作用，这个国家就是美国。这也是电视节目模式可贸易之前，美国电视节目“单向”出口到世界各国包括和美国的生产要素禀赋差异较小的其他发达国家的原因之一。而 Helpman 和 Krgman（1985）又认为，在差异性中间投入品和最终产品都是可贸易的情况下，贸易模式就和普通的产业内贸易类似，即各个国家都会专业化地生产部分产品样式，然后相互之间进行产业内贸易，这也是电视节目模式可

① 网易娱乐. 加深中哈文化交流 《歌手》25 日在哈萨克斯坦播出［EB/OL］. http://ent.163.com/17/0326/08/CGELQSGP00037VVV.html，2017-03-26.

② 俄罗斯的综艺节目发展近况［EB/OL］. http://travel.sohu.com/20160726/n461157775.shtml，2016-07-26.

③ 赫尔普曼和克鲁格曼（2014）。

贸易之后的情形：美国和发达国家之间的电视节目双向的产业内贸易开始增加。电视节目模式由“不可贸易”向“可贸易”的转变提高了其他国家向美国出口电视节目的可能性。一些相关学术研究对这种现象已经有所涉及，早期有关电视节目出口的文献的结论多是“单向流动”（Giselinde Kuipers，2011），即电视节目从美国流向其他国家。但是近期的研究却逐渐摆脱这种“中心—外围”模型，尤其是台词、模式和其他“半成品”往往是由“外围”国家的生产者提供出口，挑战着“文化霸权主义”的模型（Bielby 和 Harrington，2005；Moran 和 Malbon，2006）。而且非西方的电视制作中心（如巴西、埃及、韩国）越来越重要，因此，全球电视节目流动似乎已经不能简单地由“中心—外围模型”所解释。因此，学术研究已经转向对多制作中心（每个中心都针对某一国家或跨国家的观众）背景下的电视节目、节目模式和制作实务活动的描述和理论归纳（Havens，2006；Straubhaar，2007）。Bielby 和 Harrington（2005）则指出，美国电视节目越来越受到外国电视节目趋势的影响，美国白天时段的肥皂剧受拉美模式的影响尤为显著。

4. 电视节目模式贸易带动更多国家和地区文化的“产业化发展”并开发原创模式

模式贸易所涉及的多种效应使后进国家或地区的电视节目产业实现跨越式发展，完成从进口模式到原创模式的过渡，进行模式原创并出口的国家和地区越来越多。这些效应包括：

第一，合作学习效应。当前电视节目模式国际交易最为普遍的形式是特许（Licencing），但是在特许过程中，往往涉及特许方和被特许方的“联合制作”（Chalaby，2015a）。在联合制作过程中，一方面，引进的授权方人才事实上加入了被授权的团队，共同开发本土化节目，也就是说，联合制作过程中涉及“人才引进”的过程；另一方面，合作过程中，被授权方可以学习到授权方节目制作的经验，提升人才水平。例如，肯尼亚收费电视公司 Wananchi 集团的一位电视制片人在接受访谈时说她进口西方的节目模式不仅是为了更加快速地加上本土化内容，也是为了对非洲正在出现的本土电视制作部门提供培训；阿拉伯 Twofour 电视台的节目经理也说他们之所以进口英国的节目模式是为了将“制片人送到英国去观察和学习英国是如何制作节目的，并将经验带回来”。同样的事情也正在中东欧、中东、亚洲和拉美国家发生（Chalaby，2016）。另外，引进的电视节目模式由于已经在多个国家授权并制作过节目，所以在多个国家“流转”的过程中得到不断完善。因此，引进模式就相当于直接引进了该模式在之前多个国家制作节目过程中积累的所有经验。浙江卫视编导、《中国好声音第二季》浙江卫视总对接人、模式引进节目《中国星跳跃》副总导演陈格洲在接受采访时提到，在他们引进《中国星跳跃》的模式并制作本土化节目过程中，由外方的飞行制作人进行指导，指导过程中他也发现中国方面在制作节目过程中有一些优势，于是将这些优点也带回来，反馈到他们的节目宝典里，这样的节目宝典慢慢完善，相当于集合了十几个甚至二十几个国家最好的制作人的智慧（汪恒，2014）。在中国也有最初是引进模式版权，但是在吸收了国外模式制作经验之后进行修改并实现本土化模式的例子，如《中国梦想秀》是2011年于东方卫视首播的平民实现梦想的节目，到2016年5月宣布停播为止，该节目一共播出了九季，其中第一季和第二季的模式版权是引自英国BBCW频道的《就在今夜》，主打明星圆梦。但是从第三季开始，节目就放弃了引进模式版权，由浙江卫视团队重新设计，关注普通人的愿望，成为原创的节目模式。

第二，成本倒逼效应。随着引进模式数量的增加，对引进模式需求的提升导致引进价格上升，从而促使创新原创模式成为理性选择；在电视节目模式版权全球化的背景下，纯粹的原始创新并不是主要的创新形式。后进产业先引进再创新是在衡量成本收益风险等因素之后的“理性选择”。只有当模式引进的成本高于原始创新时，原始创新才称为理性选择；从经济学角度看，“版权引进”和“版权原创”是具备一定替代性的两种战略，两者互为对方的“机会成本”，当“版权引进”的成本不断提高时，“版权原创”就越来越成为“理性选择”。

第三，环境培育效应。首先，引进模式版权交易过程提高了版权保护意识，也积累了版权形成、保护与交易的经验，使国内从业人员更加熟悉国际版权保护与交易惯例，对国内知识产权保护起到促进作用，为国内模式创新提供更好的法律环境，增强对模式创新的激励。国际经验表明，模式版权意识的觉醒是在版权交易过程中出现并形成的，正是它反过来又推动版权需求的提升和保护的诉求，提升版权保护的环境①。除了模式版权保护意识提高之外，引进也给版权的形成及授权带来了经验。模式版权的形成不是一件容易的事情，为了能够让引进方成功地制作本土化的节目，版权输出方需要提供完备的咨询套餐，其中包括详细达几百页的“制作圣经”（Production Bible）。此外，引进方还可以咨询输出方的制作顾问，在早期节目制作时与制作方在一起，即使前几期结束后回国，引进方依然可

① 关于电视节目模式版权从无到有的产生与发展过程，可参见Chalaby（2012）。

以通过电话、邮件进行咨询（Chalaby，2015）。如国际知名的模式 *Dancing with the Stars* 和 *The Bachelor* 甚至还为不同地区的本地的被授权方组织召开国际会议（Chalaby，2015）。这种过程中，引进方必定在获得大量制作节目模式经验知识的同时，在版权形成及授权方面也积累经验，并在今后原创模式授权过程中发挥作用。其次，模式的引进也可能推进“制播分离”制度的形成，从而形成良性的产业结构和竞争环境。

事实上，除了美国之外，目前世界上重要的节目模式出口国都曾经是重要的节目模式进口国。英国是当前世界上模式出口数量以及出口额均排名第一的国家，从 20 世纪 50 年代开始，英国就进口了大量的美国电视节目；荷兰、以色列和日本这些当前模式出口已经超过进口的国家，在历史上都是美国游戏节目以及真人秀节目的进口大户（Chalaby，2016）。21 世纪初以来，越来越多的国家和地区从原来的模式进口方成长为模式出口方，如比利时、哥伦比亚、以色列、韩国、土耳其；一些国家的出口模式数量不断增加，成为“老牌”模式出口国美国和英国之后的第二梯队，如加拿大、丹麦、法国、德国、意大利、冰岛、挪威、西班牙、瑞典等，还有一些国家和地区的出口模式数量开始超过进口数量，如阿根廷和日本（Chalaby，2015）。

近年来，由模式引进迅速过渡到模式原创并出口的国家代表是以色列。以色列著名制片人 Avi Armoza 总结道：“我们最初将模式先带到以色列并进行本土化，然后就开始做我们自己的模式。接下来要做的就是把我们自己的节目交给别人去销售，不过当我们自己了解了模式制作的方法之后，就可以自己来做了”（Chalaby，2016）。目前，已经有若干家以色列节目制作商的节目模式受到世界欢迎，包括 *Armoza Formats*、*Dori Media Group*、*Keshet International*、*Kuperman Productions* 以及 *The Lab*（见表 3-4）。

表 3-4　若干国家出口的电视节目模式

国家	公司名称	模式名称	模式类型	出口地区数
以色列	*Armoza Formats*	*The Vault*	游戏	7
		In Treatment	电视剧	1（HBO）
		Connected		
		Upgrade		
		Who's Still Standing		
	Keshet International	*Prisoners of War*	电视剧	
		Rising Star	唱歌竞技	

续表

国家	公司名称	模式名称	模式类型	出口地区数
土耳其	*Global Agency*	*Perfect Bride*		20
		Shopping Monsters		30
		Keep your light shining	才艺竞技	12
		Forbidden Love		*Elemundo*
		The End	电视剧	*Fox*
韩国	*Korean Broadcasting System*	*Autumn in My Heart*		3
		My Girl		3
		Winter Sonata		1
		Good Doctor		*CBS*
		Three Idiots		*US*
		Crazy Market		*Italy*
		The Genius		*Netherlands*
		Grandpas Over Flowers		*Netherlands*

资料来源：根据 Chalaby（2016）以及相关媒体资料整理。

5. 模式贸易促进了部分国家和地区电视节目产业“制播分离”，提高产业内部分工与协作，增强竞争，提高消费者福利

电视节目产业从“制播一体化”向“制播分离”的制度变化最早出现在 20 世纪 50 年代的美国，但是在之后的很长一段时间里，“制播一体化”仍然是主流制作。真正推动制播分离制度较大规模推广的是欧洲。80 年代英国第 4 频道的成立是这一趋势产生的催化剂，加上相关法规规定一定比例的节目一定要从“独立制作商”处外购。在“制播分离”的制度安排下，独立制作商对模式研发的热情推动英国成为最早的节目模式输出国。

而“制播分离”这一制度在世界其他地区的出现却在很大程度上源于节目模式国际贸易的出现与发展。如在中国香港，制播分离制作一直到 21 世纪初才开始出现，之前一直都是由 TVB 和 ATV 内部制作，而“制播分离”在香港的出现在很大程度上是始于 ATV 外包制作 *Who Wants to Be a Millionair*（Keane，2007）。在中国内地，虽然电视剧制作从 20 世纪 80 年代就开始实行“制播分离”的制度，但是包括综艺节目在内的其他节目类型却一直是以“制播一体化”为主。而正是通过引进国外热门的电视节目模式，使得一些独立节目制作机构有机会开始与一些热门电视台合作制作

节目并取得成功。而这种成功的示范效应又引发电视台内部工作人员看到进行独立节目制作的市场机会，从而从电视台中“跳槽”出来成立独立公司，从事节目模式以及节目成品的制作。

第三节　小结与未来研究

21 世纪以来，电视节目模式国际贸易规模扩大是全球化在电视节目领域深化的一个重要表现，是需求与供给条件俱全，国际市场交易成本下降后自然产生的结果；电视节目模式国际贸易现象的出现对于全球电视节目产业的发展有重大影响，它可以帮助解决属于文化产业的电视节目产业发展过程中的“文化多样性”和“产业标准化”之间的矛盾，在满足产业效率提升的同时促使文化多样化的回归，在一定程度上有可能缓解甚至改变电视节目成品领域“单向流动”的现状，是电视节目贸易相对落后国家实现跨越式发展的机遇。

本章主要从理论上对上述观点进行了论述，下一步的研究方向包括从实证的角度去验证，尤其是电视节目模式国际贸易可以为中国电视节目产业带来什么影响？中国在这一趋势中面临什么机遇，又具备什么优势？本书下面的章节将以中国电视节目产业为案例，对本章中提到的节目模式国际贸易的各种影响进行实证分析。我们的分析将表明，本章理论分析中的一些结论，在中国电视节目产业中都有所体现，引进节目模式为中国的电视节目产业带来巨大的变化，如引进节目模式对中国电视节目出口发挥了重要的促进作用；中国综艺节目的受欢迎程度也得到了提高，节目多样性也因此提升；节目模式的引进也促进了中国综艺节目原创模式的成长。

第四章

电视节目模式国际贸易、本地市场效应与中国电视节目出口的跨越性发展

本章从理论和实证两个方面，分析引进节目模式对中国电视节目出口的影响。分析表明，电视节目模式引进可以带来风险降低效应、市场开拓效应和平台效应以促进电视节目出口，而“本地市场效应”“文化折扣”或“节目进口壁垒”为上述机制的实现提供有利条件；中国就是具备这些有利条件的国家，因此通过引进节目模式和本土化内容制作，中国电视节目出口可以实现跨越式发展。本章在对上述理论机理进行论证的基础上，运用2006~2015年中国大陆综艺节目出口新加坡的实证分析对其进行验证，表明模式的引进加上本地市场效应使中国大陆综艺节目迅速取代中国台湾地区，在新加坡进口综艺节目中占据主要地位。

第一节　电视节目模式国际贸易促进中国电视节目出口的理论分析

一、模式进口促进节目出口的机理

1. 风险降低效应

国际化模式的品牌效应降低节目风险，促使制作方增加投资，提高质量和出口可能性与竞争力。据研究，全球范围内的商业电视台开发的新节目中大约有一半在首次播映后失败，而平均在8个节目中只有1个能取得长期成功（PACT，2014）。在节目模式贸易过程中，模式引进方关注的一个重要的参考指标是该模式在其他国家播出后的收视情况及效果记录（Chalaby，2015b），这使得引进版权类节目虽然在引进方的国家或地区属

于“新节目”，但是失败的概率大大下降。由于有了较高的成功概率，节目制作单位就可以提高节目制作成本。据统计，中国引进模式类综艺节目制作费用比之前上升了 5 倍以上，制作时的机位数量是之前的 4 倍。这样的大投入提高了节目制作质量，能够增强出口竞争力。中国国内引起现象级关注的节目《中国好声音第一季》节目制作成本高达 8000 万元人民币，摄制组在演播室内外布置了近 40 个机位，每期 96 分钟的节目内容来自长达 1000 分钟的可调用素材，片比高达 140∶1，是国内同类节目的 40 倍以上（高雅靓，2014）。

2. 市场开拓效应

国际化模式节目如果在国内市场取得成功，很可能促进国内电视节目市场规模整体的扩大。中国近几年引进国外综艺模式数量不断增加，这确实推动了综艺节目市场规模的扩大。2012~2015 年，综艺节目在所有节目当中的播出份额不断下降[①]，从 6.5%降到 6.4%、6.1%再到 5.9%，但是它的收视份额却基本处于上升趋势，分别为 10.8%、11.5%、11.4%和 13%，四年当中收视份额和播出份额之比分别为 1.66、1.8、1.87 和 2.2，逐年提高。2015 年，在全国样本城市市场所有节目收视率排名前十位的节目中，有 8 个属于综艺节目，5 个属于引进国外模式进行本地化的节目，分别是《中国好声音第四季》总决赛、《奔跑吧兄弟》（4 月 17 日到 7 月 3 日）、《奔跑吧兄弟》（10 月 30 日到 12 月 25 日）、《我是歌手歌王之战》和《奔跑吧兄弟》（1 月 2~16 日）。而本地市场规模的扩大更容易使电视节目这种具备很强的规模经济效应的产品更好地发挥“本地市场效应”，催生更加多样、质量更好的节目出现，形成良性循环，并通过“外溢”效应促进节目出口。

3. 国际化平台效应

首先，国际化模式在国际范围内的知名度降低国际观众对节目的认知成本，对节目出口发挥一定的营销和宣传作用。如中国版《我是歌手》是引入韩国的版权，所以在中国播出之后，也立刻引起了韩国观众的兴趣，尤其在引入韩国歌手之后，在网络上可以直接找到韩国歌迷对中国版《我是歌手》的评论。其次，全球化的电视节目模式还可以为本地化内容出口提供国际化的平台。如《好声音》模式可能将全世界的选手集中在一起制作节目，由于是统一的模式，就大大方便了世界范围内的合作。

---

① 播出份额的下降应该是受到政府“限娱令”和“限歌令”的影响。参见 2014 年全国综艺节目收视分析//中国电视收视年鉴（2015）［M］. 北京：中国传媒大学出版社，2015.

二、本地市场效应：模式引进、节目本地化并实现出口的发生条件

模式贸易有助于各国“整合利用全球优势资源”以产业化的方式在全球传播具备本地特色的文化内容，但是这种可能性要成为现实，还取决于一些条件。为了理解这些条件，首先需要理解国际贸易理论中的“本地市场效应”理论。

1. 本地市场效应与电视节目出口

本地市场效应理论由赫尔普曼和克鲁格曼提出，指当产品的生产存在规模报酬递增，且存在运输成本，异质性产业则趋于集中在较大的市场，此时国内市场较大的国家对异质性产品的生产份额将超过其消费份额，此时一个“较大的本地市场”可以成为出口的基础。Helpman 和 Krgman（2014）认为，如果不存在规模经济和运输成本，本地市场规模巨大会成为产品进口的基础，而当存在规模经济效应和运输成本时，本地市场规模巨大则反过来构成一国产品出口的基础，并指出这种“本地市场效应”在实际中是相当普遍的。这种“本地市场效应”并不难理解，由于存在运输成本，在其他条件相同的情况下，产品生产地与消费地更近就可以节约运输成本，因此本地生产就比进口品更有优势，此时产品有“本地生产，本地消费”的倾向；但是如果生产具备明显的规模经济效应，那么“大国”在“本国生产”时就会倾向于形成更大的生产规模，从而降低生产成本，当这种生产成本的下降反过来可以弥补较高的运输成本时，则“小国”自行生产的成本就会高于从大国进口产品的成本，导致小国开始从大国进口，此时大国的本地市场规模就成为其出口优势的基础，“本地市场效应”就出现了。

电视节目的生产符合“本地市场效应”的理论假设。电视节目制作具备明显的规模经济效应，“固定成本与变动成本之比极高”是包括电视节目在内的文化产品生产的突出特点（David Hesmondhalgh，2006；Rosen，1981；Burde，2011），虽然电视节目的“运输成本”往往小到可以忽略不计，但是现实中却存在另外一个重要的贸易成本，即“文化折扣”（Hoskins 和 Mirus，1988）。Hoskins 和 Mirus（1988）认为在存在“文化折扣”的情况下，扎根于一种文化的特定的电视节目、电影或录像，在其他条件相同时，国内市场更具吸引力，因为国内市场观众拥有相同的常识和生活方式，但在其他地方吸引力就会减退，因为那里的观众很难认同这种

风格、价值观、信仰、历史、神话、社会制度、自然环境和行为模式。文化结构差异是导致出现“文化折扣”现象的主要原因。“文化折扣”的存在致使在其他条件相同的情况下，人们更喜欢本地生产的具备本地文化特点的电视节目，促使电视节目的生产地靠近消费地（Hoskins 和 Mirus，1988）。

电视节目制作存在“规模经济效应”和“文化折扣”，这可能导致三种效应：①“文化折扣效应”，即其他条件相同时，文化折扣降低一国生产的具备本地文化特点的电视节目的出口竞争力。文化折扣效应使电视节目的生产地和消费地趋同，使电视节目在一开始就具备以国内市场为导向。②大国的“同等质量的低单位成本效应”，即当电视节目首先以国内市场为导向时，如果用分摊到每位观众身上的节目制作成本定义为节目的“单位成本”，那么包括代表质量的固定投入在内的其他条件相同时，大国电视节目的单位成本就低于小国，从而提高大国节目的出口竞争力。③大国的“同等单位成本的高质量效应”。当电视节目首先以国内市场为导向时，假设“单位成本”相同，那么大国由于市场规模大，其他条件相同时，其节目制作的固定成本就会高于小国，节目质量高于小国，提高其出口竞争力。当“同等质量的低单位成本效应”或“同等单位成本的高质量效应”的强度超过了“文化折扣效应”，大国的电视节目就开始出口。前一种情况的典型例子是日本动画片节目在全世界的流行，后一种情况的典型例子则是美国电视节目在全世界的流行。

“本地市场效应”是现有文献当中有关电视节目国际贸易最重要的解释因素，有不少文献对此进行了论证。1994 年，Waterman 和 Rogers（1994）对 9 个东亚国家的进口节目进行了统计调查和系统分析，证明了一个国家的 GDP 或者广播电视基础设施越大，国产节目的比例就越大，对进口美国节目的依赖度也就越低，特别是连续剧。且发现其进口美国节目的比例平均是 20%，相对较低。在此基础上 Dupagne 和 Waterman（1998）又研究了西欧 17 个国家进口美国非纪实电视节目的决定因素，进一步印证了一国 GDP 或者广播电视基础设施规模与其对美国进口节目依赖度之间呈负相关。

本地市场效应也一直是媒体经济学界对于美国电视节目向全世界“单向流动”现象[①]的重要理论解释。美国国内电视节目市场规模巨大，2014

① “单向流动”是媒体经济学界对美国电视节目贸易对世界所有国家顺差，而其他国家对美国电视节目贸易逆差现象的形象化描述。

年美国电视广告市场规模达到670.62亿美元，稳居世界第1位，是排在第2位的中国市场规模的4倍多，排在第2到第9位的国家电视广告市场规模的总和是661.46亿美元，这一巨大的市场规模就可以支撑美国对电视节目制作投入巨大的资金，如美国福克斯电视公司出品的电视剧《24小时》每集的制作成本高达250万美元，到2009年之前制作完成的120集总成本高达3亿美元。再以流行于全球的电视节目模式 *Who Wants to Be a Millionaire?* 不同版本的制作成本为例：美国版的节目每期制作成本约为70万美元，而由亚洲电视本港台所制作的香港版每期制作成本则只有8万美元，这种制作成本的差异主要体现的就是目标市场规模大小所能支撑的投资规模差异（Keane，2007）。美国大市场支撑巨大的投资规模可以提高节目制作质量，采用更多的“明星”或“特殊效果”，不仅如此，随着美国电视节目成功进入国际市场，其市场规模进一步扩大，据统计，到21世纪初，美国电视节目海外销售额占其总收入的比重已经高达35%（Haven T.，2006），这进一步强化了它的“本地市场效应”，使其节目投资规模进一步增加，从而形成“良性循环”。

2. 模式引进、本地化并出口的实现条件

模式引进并本地化有助于本地节目在本地市场取得成功，但是要实现节目出口，则需要强调上文提到的“本地市场效应”问题。

对于一档首先面向国内市场的电视节目，其制作涉及的固定成本需要在本地市场上得到分摊和回收弥补，假设一档节目的最低可能制作成本为 F_s，而本土市场规模为M，且节目预计市场份额为p，那么首先只有 $pM>F_s$，此类节目的制作才会成为“理性行为”；而pM值越大，其所支撑的节目制作成本就会越高，节目的质量越高（Havens T.，2006），也越具备竞争力，出口的可能性越大。基于上述逻辑，本书认为，模式引进、本地化并实现出口需要满足以下两个条件：

（1）国内市场规模足够大，即上文中M值足够大。如果本国市场规模太小，则不仅无法支撑其出口竞争力，甚至有可能使本地化节目都不会出现；本国市场规模越大，在其他条件不变的情况下，出口竞争力越强。

（2）本国电视节目的市场份额足够大，即上文中的p也要足够大。如果本国电视节目市场份额特别小，则pM也会很小，无法支撑其本国电视节目制作的成本；而其他条件不变时，p越大，pM值越大，越能够支撑起更高的制作成本，其出口的竞争力和可能性也就越大。

条件（2）意味着，对于“后进”国家和产业而言，还需要“文化折扣”或者“贸易壁垒”在一定程度上存在，以防止本地节目的国内市场空间不被挤压。因为与自制节目相比，进口节目往往有非常大的成本优势（Havens T.，2006；Hoskins 和 Mirus R.，1989）。由于边际成本很低，进口节目的价格往往与节目本身制作成本已经无关，只与进口国收入价格弹性有关①，也就是说，由于电视节目制作过程中显著的“规模经济效应”，在国际电视市场上存在着明显的“价格歧视”。表 4-1 列举了 2004 年 1 小时进口美国电视剧在不同国家电视台的价格，可见同样的一集电视剧，成本虽完全相同，但是在不同国家的价格却大相径庭。本章将表 4-1 中的价格②、各国人均 GDP 和各国 GDP 各取对数进行多元回归分析，发现价格对数与人均 GDP 对数及 GDP 对数的相关系数分别为 0.56 和 0.58，两个变量都在 1%的水平下显著异于零，这说明电视剧价格对于进口国人均 GDP 和 GDP 总量的弹性分别为 0.56 和 0.58。有研究表明，美国出口电视剧时的低价格是因为其提供额外一单位节目“拷贝”时的边际成本很低所导致的（Hoskins 和 Mirus，1989）。

表 4-1　2004 年 1 小时进口美国电视剧在不同国家电视台的价格

国家	平均价格（美元）	人均 GDP（美元）	GDP（10 亿美元）
阿尔巴尼亚	250~300	2416.60	7.31
澳大利亚	25000~35000	30440.90	612.70
孟加拉	250~350	462.3	65.11
玻利维亚	250~750	978.3	8.77
巴西	4000~7000	3596.20	669.32
加拿大（英语区）	20000~60000	31979.90	1023.20
法国	10000~50000	33874.70	2124.11
德国	20000~55000	34165.90	2819.25
印度	1000~2000	640.6	721.58
伊拉克	350~500	1391.60	36.63

① 历史上好莱坞电视节目“占领”全球市场的过程中，曾经出现过大量的“搭售”现象，即好莱坞的厂商将其过去制作的大量的电视节目“打包”，要求客户在购买其某一节目时，必须同时以极低的价格“打包”购买其过去制作的大量其他节目，这是好莱坞电视节目大量进入其他国家市场的重要原因之一。参见 Havens（2006）。

② 做回归时取的是表内平均价格的上限。

续表

国家	平均价格（美元）	人均 GDP（美元）	GDP（10 亿美元）
以色列	800~1500	19888.20	135.42
日本	45000~70000	36441.50	4655.80
墨西哥	1500~5000	7115.10	770.27
沙特阿拉伯	800~1000	10756.00	258.74
南非	2000~2250	4901.10	228.59
英国	20000~100000	38305.90	2297.89
津巴布韦	150~200	451.20	5.81

资料来源：进口电视剧价格引自 Havens（2006）；人均 GDP 和 GDP 数据引自世界银行数据库。

对于电视播出平台来讲，播出自制节目还是进口节目，其决定因素是要看两者的成本收益对比情况，只有本地自制节目所带来的收入超过进口节目，且这种额外的收入能够弥补自制节目的额外成本时，播出自制节目才会成为理性选择。假设自制节目的制作成本和进口节目的进口成本分别为P_h和P_m，而其带来的收入分别为M_h和M_m，则只有当$M_h-M_m \geqslant P_h-P_m$时，本土自制节目才会成为理性选择。而由于现实中，$P_m$越小，就要求$M_h-M_m$越大。现实中，$M_h>M_m$的原因可能有三个：一是文化折扣；二是贸易壁垒；三是质量优势。但是，由于“质量优势”往往需要更高的节目制作投资额，而后者又取决于市场规模，如果进口节目是来自比本国市场更大的国家，则本地自制节目的质量优势就不容易体现。因此对于“后进产业”，如果本地自制节目成为理性选择，基本主要依靠前两个因素，即文化折扣和贸易壁垒。如果不存在文化折扣和贸易壁垒，则具备“先发优势”的进口节目就很容易形成“马太效应”，从而挤压本地节目的生存空间。应该说，本地市场规模越大，文化折扣与贸易壁垒越高，则利用全球化节目模式来发展本地化节目的优势越明显，也更容易激发“本地市场效应”，从而最终导致国际模式本地化节目出口，并带动本地文化的出口。

三、模式引进、节目本地化与出口：中国的优势

1. 规模巨大的电视节目市场有利于发挥“本地市场效应”

2014 年，中国电视广告市场规模达到 164.14 亿美元，仅次于美国，

居世界第二位（见表4-2）。

表4-2　2013~2014年世界电视广告市场规模排名前十的国家和地区

单位：亿美元

排名	国家	2013年	2014年
1	美国	633.77	670.62
2	中国	159.82	164.14
3	日本	166.18	144.21
4	巴西	101.02	101.91
5	英国	72.32	74.33
6	德国	61.41	56.76
7	法国	48.58	42.65
8	意大利	47.74	42.17
9	澳大利亚	40.11	35.29
10	加拿大	37.7	34.62

资料来源：笔者根据央视市场研究股份有限公司（CTR）提供的数据结合国家外汇管理局网站上的汇率信息计算获得。

根据前文分析，本地市场规模大有利于发挥“本地市场效应”。由于本章重点研究“节目模式引进”的作用，因此在本章的研究背景下，市场规模大可以产生如下影响：

（1）为支付更高的版权费购入国外优势节目模式提供基础，也会促使越来越多的国际优势节目模式为中国市场而进行研发，并与中国本地文化相结合，制作出高质量的“具备中国文化特色的成品节目”。2013年，中国连续两年成为从英国进口电视节目增长率最快的国家，上升了40%，达到1700万英镑。2012年，灿星制作与浙江卫视从荷兰Talpa引进*The Voice*节目模式时，向Talpa支付了节目模式费200多万元。2013年，灿星制作与Talpa公司就*The Voice*模式进行了第一次续约谈判，以每年6000万元的价格得以续约成功①。

---

①　此数据是依据国内各种网站资料综合获得，虽然关于《中国好声音》支付原版方版权费用的说法并不统一，但是有一点是明确的，即它的价格在不断地快速上涨。这一点可以通过2016年灿星制作与原版公司之间由于版权费用过高而出现了版权纠纷得到证明。

（2）吸引更多的模式研发或节目制作领域的国际化人才，如韩国电视节目团队近年来已经越来越多地加入到中国电视节目的创作团队中，随着中国市场不断扩大，可以预期的是人数还会继续增加。

（3）电视节目制作投资水平高，更容易制作出精良的电视节目[①]。表4-3给出了2011~2013年能量影视节目制作成本情况，可见节目制作成本高达1亿元人民币以上，而且近几年上升速度很快，2013年是2012年的3.07倍。

表4-3　2011~2013年能量影视节目制作成本情况　　单位：万元

2013年	2012年	2011年
13567.39	4425.28	3184.27

资料来源：能量影视上市公司披露书［EB/OL］. http：//news. qq. com/a/20130801/009259. htm.

2. 文化折扣与渐进式开放的政策干预

对于目前强大的美国电视节目产业而言，包括中国在内的亚洲市场是具备较高的文化折扣的，如东亚国家进口美国电视节目的平均比重为20%，与欧洲及世界其他地区相比较低，原因可能是亚洲国家与美国的文化距离较远，因此文化折扣较大（Waterman D. 和 Rogers E. M.，1994）。在测量文化距离方面，霍夫斯泰德文化维度[②]是一种接受度比较广的文化距离测度方法，它用四个维度来区分不同国家的文化，分别为权力距离（Power Distance）、个人主义（Individualism）、男性气质（Masculinity）和不确定性规避（Uncertainty Avoidance），在后来的系列研究中，又有两个维度被加进来，即长期取向（Long Term Orientation）和自我放任（Indulgence）[③]，霍夫斯泰德根据这六个维度为102个国家分别进行了打分。根据研究需要和数据可得性情况，本章选择当中六维度分数都齐全的80个国

① 在这一点上，美国可以作为一个案例。许多电视节目模式虽然不是源自美国，但却都是在美国公司制作成为成品节目之后而在世界范围内知名的。例如，由美国广播公司ABC制作的电视剧《丑女贝蒂》（*Ugly Betty*）原本是取自哥伦比亚的一个节目模式，该模式在世界范围内制作了多个版本，但是ABC版在国际上是最著名的，ABC公司将它出口到130多个国家和地区的市场上与哥伦比亚的原版节目竞争，详见Curtin和Shattuc（2009）。另外，出口到全球40多个国家的源自荷兰的“好声音”模式（*The Voice*）的各个版本当中，最知名的也是美国版的。

② 霍夫斯泰德文化维度评分网站，http：//www. geert-hofstede. com/.

③ 关于六个维度所指含义的详细介绍参见http：//www. geert-hofstede. com/.

家，借鉴 W. Fu 和 Lee（2008）的方法，计算了这 80 个国家与美国的文化距离，具体计算方法是：

$$CulDist_C = \sum_{i=1}^{6} [(I_{iC} - I_{iA})^2 / V_i]/6$$

其中，I_{iC}和I_{iA}分别代表 C 国和美国在维度 i 方面的分数，而V_i是样本国家在 i 维度方面得分的方差，本章用方差来对 C 国与美国在各个指标方面的差异进行“标准化”，使其更具备可比性，最后再把“标准化”的差异值进行平均数运算，得到的就是 C 国和美国的文化距离，它取值越大，说明该国与美国的文化距离越远，因此美国文化产品进入 C 国时所遭遇的文化折扣可能也越大。表 4-4 是一些代表性国家与美国的文化距离值，按照由大到小列入。

表 4-4　各国与美国的文化距离（由远到近）

排名	国家	与美国文化距离	排名	国家	与美国文化距离	排名	国家	与美国文化距离
1	乌克兰	4.83	52	瑞典	1.88	71	意大利	1.23
2	韩国	4.66	53	印度	1.88	72	卢森堡	1.03
3	俄罗斯	4.66	56	西班牙	1.68	73	芬兰	0.96
5	中国	3.99	57	法国	1.66	74	瑞士	0.91
11	中国台湾	3.58	59	挪威	1.56	75	南非	0.28
12	新加坡	3.41	63	荷兰	1.51	76	爱尔兰	0.26
17	日本	3.24	64	冰岛	1.51	77	英国	0.24
18	印度尼西亚	3.23	65	德国	1.49	78	新西兰	0.21
26	中国香港	2.98	69	丹麦	1.39	79	澳大利亚	0.03
30	马来西亚	2.94	69	加拿大	1.32	80	美国	0
37	墨西哥	2.59	70	阿根廷	1.29			

资料来源：笔者根据 http：//www.geert-hofstede.com/数据计算。

从计算结果看，亚洲国家总体与美国的文化距离较远，由远到近排名，除了印度以外，绝大多数都处于 30 名之前，文化距离值最低的马来西亚也达到 2.94。除了乌克兰和俄罗斯之外，多数欧洲国家和拉美国家与美国文化距离较近，而除了美国自身之外，与美国文化距离最近的是澳大利亚和新西兰，它们与美国的文化距离值分别为 0.03 和 0.21。中国与美国的文化距离值为 3.99，明显属于距离较远的国家，从远到近排列，中国在全部国家中排第 5，即使在亚洲，中国与美国的文化距离也属于比较远的。

此外，国外电视节目进入中国播放面临着壁垒，根据国家广电总局 2004 年 9 月 23 日颁布并于同年 10 月 23 日施行的《境外电视节目引进、播出管理规定》（国家广播电影电视总局令第 42 号），除了引进境外电视节目需要经过审批程序之外，“各电视频道每天播出的境外影视剧，不得超过该频道当天影视剧总播出时间的 25%；每天播出的其他境外电视节目，不得超过该频道当天总播出时间的 15%；未经广电总局批准，不得在黄金时段（19：00—22：00）播出境外影视剧”；2012 年 2 月 9 日，广电总局又下达了《广电总局关于进一步加强和改进境外影视剧引进和播出管理的通知》（广发〔2012〕9 号），更严格地规定“境外影视剧不得在黄金时段（19：00—22：00）播出。各电视频道每天播出的境外影视剧，不得超过该频道当天影视剧总播出时间的 25%；各电视频道不得以栏目短剧或介绍境外影视剧的形式变相完整播出未经广电总局审批并获得发行许可证的境外影视剧。每期栏目中插播境外影视剧的时长不得超过 3 分钟，累计使用境外影视剧片段的时间不得超过 10 分钟。介绍境外影视剧的资讯类栏目，使用境外影视剧片段时长不得超过 1 分钟；避免个别电视频道在一段时期内集中播出某一国家或地区的境外影视剧”；近年来，视频网站的快速发展使得国外电视节目进入中国有了新的平台，针对这一情况，2014 年 9 月 2 日颁布的《国家新闻出版广电总局关于进一步落实网上境外影视剧管理有关规定的通知》（新广电发〔2014〕204 号）又明确规定，“单个网站年度引进播出境外影视剧的总量，不得超过该网站上一年度购买播出国产影视剧总量的 30%”。

电视节目全球化趋势与中国优势结合促进中国节目出口的现象已经开始出现。例如，东方卫视《声动亚洲》的播出权已成功输出到韩国、新加坡、泰国、马来西亚等国家；近几年，中国内地引进国际模式版权而制作的综艺节目开始出口到中国台湾地区并取得了很好的收视率，这在很大程度上改变了中国台湾综艺在华语综艺节目中一直以来的领先地位，使内地综艺节目的竞争力迅速提升。近年来，来自中国大陆的“真人秀”类的综艺节目在新加坡出现了“井喷”式的增长。2015 年，新加坡最大的无线电视集团新传媒引进了超过 800 小时的中国节目。新传媒总裁在 2015 年上海电视节上表示：“近期中国的综艺节目水平非常高，都属大制作，有绚丽的服装、舞台背景，并砸重金邀请中国内地和港台明星聚集。那些百花齐放的才艺秀，常常让新加坡的观众看得目瞪口呆，叹为观止。”本章下面就以新加坡新传媒U频道为例，对电视节目模式引进和本地市场效应对中国大陆综艺节目出口的影响进行实证分析。

第二节　电视节目模式引进、本地市场效应与中国电视节目出口的实证分析：以新加坡新传媒U频道综艺节目播出结构变化为例

一、样本选择及研究过程

新加坡新传媒私人有限公司是目前新加坡唯一一家免费电视经营者。新加坡华语电视频道有两个，分别为8频道和U频道，其中8频道以播出新传媒自己制作的本地电视节目为主，而U频道则兼顾本地节目和进口节目，其中播出进口节目的比重远远高于8频道。

本章采用2006~2015年4月1~14日[①]两个星期新传媒U频道综艺电视节目为样本，分析这10年来新传媒U频道播出的综艺类电视节目的来源地结构，旨在对其华语电视节目贸易情况的变迁及其决定因素进行实证分析，并观察中国大陆综艺节目在新加坡新传媒U频道播出的情况。选择U频道综艺节目的原因有四个：①选择综艺节目是因为本章研究的重要目标之一是观察模式引进类节目对中国大陆节目出口的影响，虽然节目模式国际贸易已经发展到多种类型的节目，但是综艺节目仍然是最好模式化、模式贸易最频繁、比重最高的节目类型；综艺节目也是近年来中国大陆模式引进最频繁、数量也最多的一种节目类型，其他节目类型模式引进的情况还比较少，选择综艺节目更符合本章的研究目标。②虽然新传媒有两个华语频道，但是8频道以播出本地节目为主，而U频道则以播出进口节目为主，在本章统计样本内，8频道进口综艺节目比重最低时为20.7%~

① 随机抽取一个星期到两个星期的电视节目作为分析样本，是媒体经济学领域实证分析中比较常用的做法。

38.1%，最高时在37.6%~54.1%[①]，而U频道播出的综艺节目中，进口节目比重最低的为66.7%，最高时达到98.7%，更符合本章的研究目标。③U频道播出的综艺节目时长超过8频道，相对而言，8频道更像是一个华语综合频道，节目类型广泛，而U频道则以播出综艺节目和电视剧为主。2006~2015年，U频道播出的综艺节目时长为626.5小时，占频道节目播出总时长的比重为31.6%；而8频道播出的综艺节目时长为399.16小时，占频道节目播出总时长的比重为12.1%。④相对而言，U频道综艺节目的来源地更加容易统计，数据可获得性和准确性更强；U频道的节目预告中本身对综艺节目是否为本地进行了标注，此外，还有语言备注等非常明显的节目来源地线索，统计更为准确，其播出的大多都是华语电视节目领域非常知名的节目，来源地更加清楚准确。

本章中所使用的数据来源为2006~2015年每年4月1~14日的新加坡《联合早报》。《联合早报》是新加坡最重要的中文日报之一，它在每天的报纸上都刊登当天的电视节目播出表，其中对节目的类型和是否是本地节目直接做出了标注。报纸将节目类型分为时事节目、综艺节目、资讯节目、连续剧、卡通片、电影和新闻等，其中将综艺节目又明确细分为本地综艺节目和非本地综艺节目。

在研究过程中，本章将“本地综艺节目”的来源地定义为“新加坡”，对于非本地综艺节目，在《联合早报》的节目预告中，有很多节目名称后面会加上括号来对节目的语言进行备注，如备注“双声道：华韩语”“双声道：华日语”或“双声道：华英语”，有此备注的往往就意味着该节目分别来自“韩国”“日本”和“欧美”；其他没有任何语言备注的非本地综艺节目，又有不少本身具有很高的知名度，如《综艺大哥大》《娱乐百分百》《我猜我猜我猜猜猜》都是很知名的中国台湾地区综艺节目；而《爸爸去哪儿》《全能星战》《非诚勿扰》等则是很知名的中国大陆综艺节目。此外，《联合早报》上的电视节目版面上除了节目预告外，还有对当天播出的部分节目的介绍，其中也会对节目来源提供一些线索。对于上述所有非本地综艺节目，无论有无语言备注，无论是否知名，无论报纸上是否对

① 这里之所以只能给出区间而不能给出精确比重，是因为在统计8频道节目时长时，有一些节目的来源地未知，本章分别假设“来源地未知”节目的来源地为“非新加坡”和“新加坡”，来对进口节目时长比重进行统计，从而得出两个数值。不过根据本章捕捉数据时候的感受，来源地为“未知”的节目为新加坡本地节目的可能性更大，因此此区间比重当中，取数据下限的可能性更大。

其有所介绍，本章都通过查找百度百科等网络资料或者通过在网上搜索其视频并观看，来对其来源地进行确认，以确保其来源地统计的准确度①。

本章还将播出时段分为：①黄金时段，即 19：00—23：00②。②非黄金时段，即除黄金时段外的其他时间。黄金时段的收视率会更高，因此将黄金时段和非黄金时段分开，对于说明哪些节目更受到重视且具有较高的收视率是有意义的。为了分析电视节目模式引进对于中国大陆节目出口的影响，本章又将来自中国大陆的综艺节目分为“模式引进类”和“非模式引进类”，以分析模式引进类节目的影响。

二、新传媒 U 频道综艺节目播出时长分布的变化

1. 2011 年之前的样本期间，中国大陆综艺节目的播出量为零，中国台湾综艺节目占绝对优势地位

从表 4-5 中可见，在 2011 年以前的样本期间，新传媒 U 频道中完全没有播放来自中国大陆的综艺节目，几乎所有的综艺节目都是来自中国台湾以及新加坡本地制作，而且中国台湾的综艺节目可以说是处于一个绝对领先的位置，在比重最高的 2011 年，在综艺节目总时长的 76.75 小时中，中国台湾的综艺节目播出时长为 71.5 小时，比重高达到 93.5%。即使在比重最低的 2006 年，中国台湾综艺节目占比也达到 61.9%。

表 4-5　2006~2015 年 4 月 1~14 日新传媒 U 频道综艺节目播出时长及来源地结构

单位：小时

年份	2006	2007	2008	2009	2010	2011	2012	2013	2014	2015
总计	63	59.5	59.75	70.5	84.5	76.75	64	67	53.5	32
新加坡	21	14	13	18	11	1	3	8	7	5
中国台湾	39	45.5	44.75	52.5	67.5	71.5	50.5	38	17.5	10

① 参与此次电视节目数据收集和整理的除笔者外，还有笔者的硕士研究生刘四丽、葛亚莉和吕兰，三位对电视节目的原始数据进行了录入、分类和时长统计，初步整理后，由笔者对结果进行二次校验，发现问题后再返回到相关同学那里进行修正。总之，数据整理经过了多次反馈和修正，以确保数据的完整性和准确性。对原始数据的查询也得到了国家图书馆台港澳报刊阅览室工作人员的支持与帮助，节目原始数据的查询、录入以及来源地的查询和确认涉及大量烦琐耗时的工作，在此对参与此项工作的上述人员一并表示感谢。

② 关于黄金时间的界定，本章借鉴了 Katz Michael 等（1986）。

续表

年份	2006	2007	2008	2009	2010	2011	2012	2013	2014	2015
中国大陆	0	0	0	0	0	0	3	7	17	12
（其中模式类）	(0)	(0)	(0)	(0)	(0)	(0)	(0)	(4)	(4)	(6)
韩国	0	0	0	0	0	0	5.5	4	13	3
其他	3	0	2	0	6	2.25	0	6	4	2

资料来源：笔者自制。

2. 2012 年后，中国大陆综艺节目迅速崛起

2012 年，新传媒 U 频道综艺节目播出结构开始发生巨大变化，主要是来自中国大陆和韩国的综艺节目的比重迅速追赶上来，尤其是中国大陆的综艺节目的播出时长大大提升，迅速压低了中国台湾综艺节目的高比重。2014 年，中国大陆综艺节目的播出时长已经几乎与中国台湾相同，只差 0.5 小时；2015 年，中国大陆综艺节目的播出时长已经超过了中国台湾，在新加坡新传媒 U 频道占据最大的比重。2012~2015 年，中国大陆综艺节目的播出时长分别为 3 小时、7 小时、17 小时和 12 小时，占综艺节目播出总时长的比重依次为 4.7%、10.4%、31.8% 和 37.5%（见图 4-1），用“井喷”来形容也不为过。而与之相对的，中国台湾地区综艺节目的播出比重则逐年下降，2012~2015 年分别为 78.9%、56.7%、32.7% 和 31.25%。

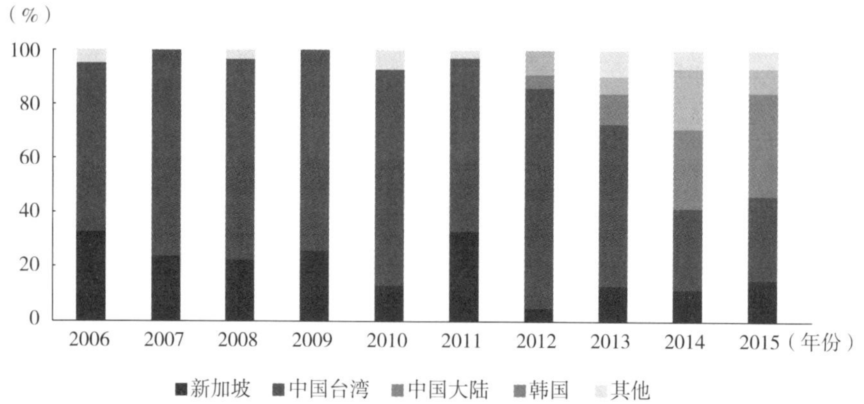

图 4-1 2006~2015 年新传媒 U 频道综艺节目来源地分布

资料来源：笔者自制。

3. 黄金时段节目来源地分布的变化情况基本上与整体情况类似，也显示了中国大陆综艺节目的崛起

2013 年前，中国台湾的综艺节目不仅在总播出时长上占优势地位，而且在 2008~2013 年，它曾超越新加坡本地节目，在黄金时段综艺节目中占据主要位置，所占比重分别为 77.14%、59.09%、77.78%、100%、80.56%、55%，其中 2011 年黄金时段的综艺节目全部都是来自中国台湾的。

2011 年前，中国大陆节目根本就没有在 U 频道出现过，当然也就不可能进入黄金时段；2012 年，中国大陆综艺节目虽然在新加坡新传媒 U 频道开始出现，但是并没有进入黄金时段；2013 年后，中国大陆综艺节目开始进入 U 频道的黄金时段播出，且播出时长迅速增加，2013 年，播出时长为 5 小时；2014 年也是 5 小时，而当年韩国节目和中国台湾节目在黄金时段的播出时长分别为 8 小时和 3.5 小时，中国大陆在黄金时段的播出时长已经超过中国台湾；2015 年，虽然播出时长不如中国台湾节目，但是当年样本周中综艺节目在黄金时段播出的总时长本身就很少，一共只有 4 小时。2013~2015 年，中国大陆综艺节目在黄金时段播出比重依次为 25%、28.57%、37.5%，一直在提高（见图 4-2）。

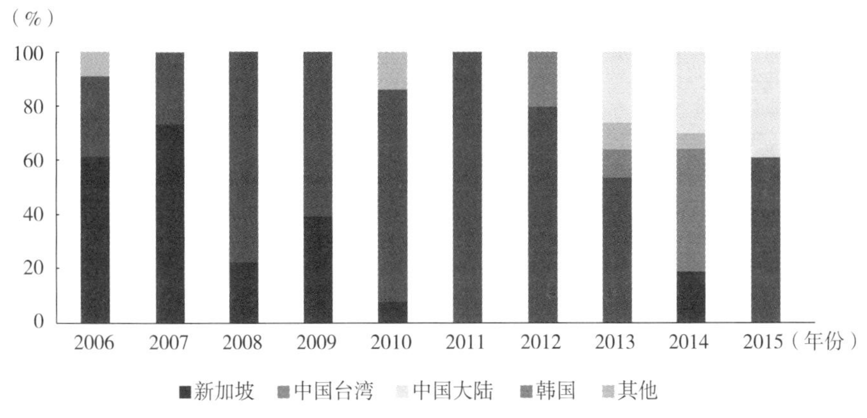

图 4-2　2006~2015 年新传媒 U 频道黄金时间综艺节目来源地分布

资料来源：笔者自制。

4. 引进国际模式并进行本地化促进了中国大陆综艺节目迅速超越中国台湾综艺节目

2012 年以后开始在新加坡新传媒 U 频道播出的中国大陆综艺节目一共

有9档，分别是《金牌魔术团》《势不可挡》《勇者无敌》《美食大王牌》《我的中国星》《非诚勿扰》《全能星战》《中国达人秀》《花样爷爷》，其中正式从国外购买模式版权或者进行版权合作的节目有4档，分别为《势不可挡》《我的中国星》《中国达人秀》和《花样爷爷》，而其他5档节目虽然没有直接购买模式版权或与国外版权方进行联合制作，但是也借鉴了国外的节目模式，如《美食大王牌》借鉴日本的《料理东西军》、《非诚勿扰》借鉴英国的 *Take Me Out*、《全能星战》借鉴挪威的 *Ultimate Entertainer*。从节目播出时长来看，2013~2015年，正式从国外购买模式版权或者进行版权合作的节目播出时长分别为4小时、4小时和6小时，占中国大陆综艺节目播出总时长的比重分别为57.1%、23.5%和50%。

国际模式本地化节目也在U频道黄金时段占据重要位置，2013年大陆节目在黄金时段播出5小时，其中有2小时是国际模式本地化节目《势不可挡》；2014年黄金时段的5小时节目中有2小时是国际模式本地化节目《我的中国星》（见表4-6）。

表4-6　2006~2015年4月1~14日黄金时段新传媒U频道综艺节目各来源地播出时长

单位：小时

年份	2006	2007	2008	2009	2010	2011	2012	2013	2014	2015
总计	13.5	8	8.75	11	22.5	23	18	20	17.5	4
新加坡	8.5	6	2	4.5	2	0	0	0	0	0
中国台湾	4	2	6.75	6.5	17.5	23	14.5	11	3.5	2.5
中国大陆	0	0	0	0	0	0	0	5	5	1.5
（其中模式类）	(0)	(0)	(0)	(0)	(0)	(0)	(0)	(2)	(2)	(0)
韩国	0	0	0	0	0	0	3.5	2	8	0
其他	1	0	0	0	3	0	0	2	1	0

资料来源：笔者自制。

值得强调的是，本章只是采集了2006~2015年4月前两个星期的情况，虽然对观察节目比重变化趋势是有意义的，但是却无法完整地观测到中国大陆综艺节目在新加坡的播出情况和影响力。根据一些权威新闻媒体的报道，中国大陆综艺节目近几年在新加坡的影响力要超过本章样本中统计的情况，早在2012年，中国大陆的《中国达人秀》节目就打败了中国台湾的热门综艺节目《钻石夜总会》和《陶子艺言堂》，为新加坡新传媒U频道全年综艺节目收视冠军，而2013年，U频道收视率排名前四当中，有三个节目是来自中国大陆的，分别是第一名的《势不可挡》，第二名的《中国梦想秀》和第四名的《非诚勿扰》；而到了2014年，收视率排名前十中，有六个来自中国大陆，并囊括前四名，依次是《最强大脑》《天下无双》《中国达人秀第四季》《非诚勿扰》（洪铭铧，2016）。在上述节目中，除了《非诚勿扰》外，其他全部都是引进模式本地化节目（见表4-7）。

表4-7　2012~2015年4月1~14日在新传媒U频道播出的中国大陆综艺节目

播出年份	节目名称	播出时长	黄金时段播出时长	是否模式类	模式来源	国内制作方
2012	《金牌魔术团》	3	0	否		
2013	《势不可挡》	4	2	是	英国Fremantle Media公司（*Don't stop me now*）	安徽卫视、光线传媒
2013	《勇者无敌》	3	3	否		
2014	《美食大工牌》	2	0	否		
2014	《勇者无敌》	2	0	否		
2014	《我的中国星》	2	2	是	韩国（*Super Star K*）	湖北卫视
2014	《势不可挡》	2	0	是	英国Fremantle Media公司（*Don't stop me now*）	安徽卫视、光线传媒
2014	《非诚勿扰》	3	0	否		
2014	《全能星战》	6	3	否		江苏卫视
2015	《中国达人秀》	3	0	是	英国达人秀	上海东方卫视
2015	《非诚勿扰》	4.5	1.5	否		
2015	《花样爷爷》	3	0	是	韩国CJ E&M 韩国版《花样爷爷》	上海东方卫视
2015	《全能星战》	1.5	0	否		江苏卫视

资料来源：笔者自制。

5. 制作成本差异是中国大陆的综艺节目取代中国台湾综艺节目的另一重要原因

《我的中国星》制作成本为7000万元，《中国达人秀》全部制作成本为 1000 万元[①]，《全能星战》节目制作成本每集达到 850 万元。《中国梦想秀第七季》的每期制作成本约 300 万元，总成本约为 4000 万元，而其第一季的制作总成本则高达约 8000 万元（王思辰，2014）。中国台湾剪辑协会对于两岸综艺节目制作成本进行了专门的统计，中国台湾 49 部“知名”综艺节目，平均一集制作费为 20.27 万元，制作费最高的《华人星光大道》一集是 84.4 万元；而大陆知名综艺节目平均一集制作费用为 713.7 万元，是中国台湾的 35 倍（汪灵犀，2016）。

电视节目制作成本受到多种因素的影响，但是如果比较中国大陆和中国台湾电视节目制作成本的差异，就必须考虑两个地区电视节目产业状况的不同。①从产业规模来看，中国大陆的电视节目产业规模远大于中国台湾。以电视广告总收入为例，《中国统计年鉴》数据显示，2013 年和 2014 年中国大陆电视广告总收入分别为 1119.26 亿元和 1116.19 亿元，都在 1000 亿元人民币以上，而中国台湾地区 2012 年电视广告收入为 240.5898 亿元（陈飞宝，2014），只有大陆地区的 1/5～1/4。②中国台湾地区电视频道数量众多，竞争激烈。截至 2012 年 1 月，中国台湾共有 134 个电视频道（任拯廷和俞毅，2012），竞争非常激烈。而 2014 年中国大陆城乡居民家庭平均每户可以收看到的频道数为 64.8 个，华北地区可接收到的电视频道数量最多，为 72.1 个（陈若愚，2015）。总体市场规模相对较小加上激烈市场竞争导致的集中度下降，使中国台湾地区很难像中国大陆一样投入“大成本”进行“大制作”，节目制作质量也很难相比，出口竞争力也开始下降。

表 4-8　2012～2014 年在新加坡新传媒 U 频道取得优秀收视率的中国大陆综艺节目

节目名称	原版模式来源	国内制作播出方	在 U 频道收视成绩
《中国达人秀》	英国达人秀	上海东方卫视	2012 年综艺收视第一
《势不可挡》	英国 Fremantle Media 公司 *Don't stop me now*	安徽卫视、光线传媒	2013 年综艺收视第一
《中国梦想秀》	英国 BBCW 频道的《就在今夜》	上海东方卫视	2013 年综艺收视第二
《最强大脑》	德国节目 *Super Brain*	江苏卫视	2014 年综艺收视第一

① 《中国达人秀》幕后揭密［EB/OL］. 网易娱乐，http：//ent.163.com/special/drxmhjm/2016-08-08.

续表

节目名称	原版模式来源	国内制作播出方	在U频道收视成绩
《天下无双》	英国 *Copycat Singers*	天津卫视	2014年综艺收视第二
《中国达人秀第四季》	英国达人秀	上海东方卫视	2014年综艺收视第三

资料来源：笔者根据多家网站资料整理而得。

第三节　思考与讨论

本章的结论是，面对国际上电视节目模式领域分工细化、电视节目模式国际贸易迅速发展的背景，中国电视节目产业具备独特的优势，可以利用引进国际化的电视节目模式并进行本地化制作，实现跨越式的发展，迅速实现中国电视节目的出口。中国电视节目产业所具备的独特优势在于市场规模巨大有利于发挥“本地市场效应”，另外，华语文化具备较强的文化折扣、中国政府对进口电视节目设置了一定的进口壁垒也可以帮助中国发挥“本地市场效应”。本章的实证分析表明，通过引进国际电视节目模式版权，加上中国大陆市场规模大所支撑起来的高额制作成本，已经使中国大陆的综艺节目在近年来迅速取代中国台湾地区，在新加坡新传媒U频道播出的综艺节目中占据重要地位。本章的政策启示是，中国应当抓住全球化过程中相关文化产业分工细化的机遇，运用国内的独特优势，实现包括电视节目产业在内的文化产品出口贸易的“跨越式”发展。

下面就此进行进一步讨论。

一、电视节目模式国际贸易的迅速发展使一国电视节目产业在“产业保护”“文化保护”和“开放效率”之间找到一个新的平衡

1.“文化保护”“产业保护”与“开放效率”之间的矛盾

文化贸易的特殊性导致各国为了保护文化而保护产业。文化产品的进出口被认为具有超越产品进出口本身的意味。当进口产品取代本土内容，

不仅有可能成为本土产业发展的障碍，也可能导致民族主义者的不满（Keane 等，2007）。

多年来，各国产业的保护一直受到“文化霸权主义”观点的影响。这种观点的基本假设是：各国生产的文化产品都会适应本国内和民族人群的文化需要，而在当下这个文化产品和服务全球生产与流通的时代，由于各国实力的不均衡，全球生产和流通的文化产品必然会体现出这种不均衡，也就是说，文化产品会更加迎合少数几个大国的文化需要，如美国是文化产品巨大的出口国，而绝大多数其他国家都是进口国，使得适合小国文化口味的文化产品范围和多样性都受到限制，而进口产品就成为包含“错误意识”的“特洛伊木马”（Moran，1998）。“文化霸权主义”或者“媒体霸权主义”的观点从 20 世纪 60 年代就开始出现，并在 20 世纪 80 年代达到顶峰，其标志就是 1980 年联合国教科文组织（UNESCO）在麦克布莱德圆桌会议上提出的《新世界信息与文化新秩序》（Keane 等，2007）。在文化霸权主义思想的影响下，各国对自身的文化产业都进行适当的保护。到了 1994 年，当时的关税与贸易总协定的乌拉圭回合谈判达成旨在推进全球范围内服务贸易自由化的《服务贸易总协定》（GATS）时，谈判的一个“胶着点”就在于以视听服务为代表的文化产品和服务是否应该像通信、运输、银行、旅游等“其他服务”一样贸易自由化。在视听文化产业占据“统治地位”的美国的贸易代表，称影视文化产品本质上是“娱乐产品”，是产业；而其他国家则坚持认为视听类服务的政策具备“双重作用”：国家身份的表达以及国内产业的发展。而后者的主张得到了大会秘书处的支持，认为“视听服务一般会反映国家和人民的社会文化特征，因此在社会和政治方面都具有巨大的重要意义”（Keane，2002）。

然而，保护文化产业未必一定会保护本国的文化。在一篇影响力较大的论文中，Mas-Colell 将文化产品贸易领域的保护政策分为两类：一是保护国内文化产品的生产；二是保护国内生产国家文化。他认为两者之间区别重大：第一类重点在于保护文化产业领域的国内生产和就业，它与保护制鞋、汽车装配等其他非文化产业之间很难有什么区别；第二类重点在于保护与国家文化相关的内容，如一国的语言、历史故事、服装服饰、文化传统等；他认为很多国家的文化贸易保护政策其实是用第二类保护的理由去支持第一类保护的做法。沿着这一思路，有些学者对这两类保护之间的关系进行了更加细致的讨论，认为通过贸易政策而对文化产品国内生产的保护不一定总是能够保护该国的文化，如在国际通信和沟通成本下降的背景下，由于文化产品的消费具有“网络外部性”和生产的“规模经济效应”，所以贸易保护政策可能导致：虽然文化产品的生产过程是在国内，但是其内容和形式却是国外的，而这种保护不利于世界范围内文化产品质量的提高和福利的改进，因为它降低了世界范围内文化产品的多样性。相反，如果能够取消保护“国内文化生产和就业”的政策，而用“保护本国文化”的政策来取而代之，则对全世界的福利提高是有帮助的；还有研究以流行音乐产业为例，认为一国国内的需求更偏好国际化的内容，而同时国内广播又有“国内节目播出份额”的政策限制，那么就会导致“国内的艺术家和国际化的内容”相结合，“本地内容配额”的政策反而会导致国内音乐日渐“国际化”。

虽然上述研究目前还没有足够的实证研究加以支持，使其对政策实践的指导意义还有限，但是至少在理论和概念层面上厘清了现实中文化产业和贸易保护的两方面目标：一是保护文化产业领域的国内生产和就业；二是保护国内的文化，并指出这两个目标之间可能存在的矛盾性。

保护国内生产和就业不一定能够保护国内的文化。由于贸易保护政策的存在，国内消费者对国外内容需求很可能得不到充分的满足，在“保护国内生产和就业”的政策目标下，国内消费者对国外内容需求的“缺口”很可能由国内的生产者来满足。也就是说，国内的文化从业者也进行国外文化内容的生产，这显然对“保护国内的文化”没有多大益处；换句话说，“保护本国文化”这个目标是否能够真正实现，从本质还是取决于消费者对本国文化内容是否有足够的需求，如果人们对本国文化内容的需求小于本国文化产品的生产能力，那么保护本国生产和就业就会导致本国的生产者也去生产国外文化内容，这虽然保护了本国生产和就业，但是同时也“促进了国外文化内容在本国的生产”；如果对本国文化内容的需求大于本国文化产品的生产能力，那么在“自由贸易”的情况下，国外生产者为了追求利润，也会进行与本国文化内容相符的文化产品，此时为了保护国内生产和就业而阻碍文化产品的进口，很可能妨碍了国外文化产品生产者对本国文化内容的生产。

即使保护产业能够保护文化，也会牺牲开放效率。有人可能会说，在现实中，保护国内的文化生产必然会对国内文化保护发挥一定作用，因为国内文化产品生产者总会有自己的文化特点，也就是说，多数国内艺术家仍然会从事与自身文化关系更为紧密的文化产品的生产，但是即便如此，贸易保护的政策还是有代价的，这种代价就是它很可能牺牲了进口产品竞争对生产效率的促进。在缺乏进口产品竞争压力的情况下，国内文化产品的竞争力总会有所欠缺。电视节目领域的政策也符合上述特点。世界各国都对电视节目产业进行了一定程度的保护，这些保护政策在保护本国文化内容和文化产业就业与生产的同时，也会使开放的效率遭受损失。

2. 电视节目模式贸易的出现在“文化保护”“产业保护”与“开放效率”之间寻找到一个新的平衡

第一，它不会产生“文化入侵”，反而是发扬本国文化甚至向世界传播本国文化的有力工具。模式本身其实恰恰是文化产品中将“文化内容”部分抽离出去之后的产物，是从受欢迎的电视节目成品中总结出来的，适用又中立于各种文化内容的符合文化产品营销规律的东西。比如全世界最受欢迎的游戏类节目模式 *Who Wants to Be a Millionaire*? 在 2007 年之前就已经在全世界近 70 个国家和地区制作了本土化节目，这些国家既包括拉丁美洲国家，也包括亚洲的越南，甚至还包括中东地区一些具有较严肃的传统和宗教文化的国家和地区，阿拉伯语版的节目由中东广播中心来播送，科威特、埃及和沙特阿拉伯等国家的观众都可以收看。这一节目模式甚至在同一国家制作不同语种的版本，如在新加坡分别有英文版和中文版；在菲律宾，虽然中上等阶层人士都会讲英语，但是节目还是被制作成了菲律宾语版（Keane，2007）。

不仅如此，一些欧美国家出口的节目“模式宝典”中包含着该模式在各个国家制作本土化节目过程中的创新和本地元素。浙江卫视编导、《中国好声音第二季》浙江卫视总对接人、模式引进节目《中国星跳跃》副总导演陈格洲在接受采访时提到，在他们引进《中国星跳跃》的模式并制作本土化节目过程中，由外方的飞行制作人进行指导，指导过程中他也发现中国方面在制作节目过程中有一些优势，于是将这些优点也带回去，反馈到他们的节目宝典里，这样的节目宝典慢慢完善，相当于集合了十几个甚至二十几个国家最好的制作人的智慧（汪恒，2014）。就这样当节目模式在多个国家进行本土化制作过程中，其实已经融合了多个国家经验，如果说它具备文化性，那也是多国文化的整合。因此模式贸易本身不会导致文化入侵。世界著名的模式制作商 Endemol 的一位制作人对模式国际交易进行如下描述：“如果一个模式在 A 国成功，我们就把它拿过来，去除所有有关 A 国的特殊文化元素之后再出口到 B 国，然后再逐渐地将 B 国的文化元素加进去。”许多出口到东亚国家的节目模式都经历了这种“去除”和“添加”的过程（Keane，2007）。正如 Chalaby（2016）所说：“节目模式的创作链是全球化的，但是它生命的开始和结束都存在于本土化的节目，只有能够在本土化环境中生存，它才能保证其国际化，因为只有能够在所有国家和地区引起共鸣的节目模式才可能跨越国界。好的节目模式是可以消失在其本土化内容背后的平台。” Keane（2007）的研究指出任何源自西方的电视节目模式，如果想在东亚国家取得较为长期的成功，都必须考虑其“兼容指数”（Compatibility Index）问题，而这又进一步涉及两个细分维度：一是“文化兼容度”（Cultural Compatibility）；二是“政治兼容度”（Political Compatibility）。如果在两个维度上都具备较高的兼容度，就比较容易进行本土化改造。文化兼容度低会导致观众评分和接受度低，政治兼容度低则会导致一定程度上的国家干预。

也有文献研究表明，许多国际化的节目模式经过本土化内容改编后，强化了观众对本土文化的认同。如 De Bruin（2012）指出 *Idol*（《偶像》）模式在新西兰改编时被用来推广本地文化，包括“人种与文化多样性、关注新西兰流行音乐”等。

在研究电视节目模式对东亚经济体电视节目产生的影响时，Keane（2007）指出伴随着电视节目模式国际贸易的繁荣，好莱坞电视节目对东亚经济体的影响减弱。作者将这一现象归因于如下几个方面：一是东亚经济体在融入全球市场过程中，在电视节目生产和分销方面获得了更多的机会；二是东亚地区创意人员的交流和贸易日益频繁，导致了许多利基市场的产生；三是合资公司以及联合制作过程中进行的技术转移使得效率提升；四是东亚经济体日益崛起的大都市产生了反映日常生活的节目需求；五是随着多渠道平台和数字化趋势的出现，出现了新型的弹性化的生产模式。

值得着重指出的是，这种“国际化模式+本土化内容”安排中对于节目的“内容本土化”，其目的并不是硬性地对民族文化内容进行植入以达到某种宣传的作用，而完全是在市场需求的驱动下，为了赢得市场而减弱文化折扣的一种“市场导向”的行为。因此，模式引进加内容本土化的制度安排，对于民族文化以及文化多样化的保护，是符合市场规律的（Keane，2007）。以中国为例，在全球许多国家都取得成功的知名节目模式，却不一定都在中国取得成功，而取得成功的节目模式，往往都与中华文化有相互契合之处。比如在中国风靡一时的“问答益智类”，如《幸运52》《开心辞典》等，就与中国传统文化中重视知识，觉得知识就是力量、知识就是财富的价值观非常契合（Keane，2007）。另外一种与中国文化相契合而容易取得成功的模式就是家庭成员互动型的模式，而强调个人间相互竞争甚至欺骗其他竞争者的真人秀节目就不容易在中国受到欢迎（Keane，2007）。

第二，模式引进对一国的电视节目产业也有一定的保护作用，它将节目制作工作留在国内，保证了相关领域的就业，模式的品牌效应由于降低了风险和不确定性，提高了节目的成功概率，所以有可能促进电视节目产业的增长并促进就业；电视节目模式的进口与成品节目进口不同，在我们前文的分析中，成品电视节目的进口可能导致小国电视节目产业消失，使得小国的电视节目从业人员失业，节目消费完全由进口节目所满足。但是电视节目模式的进口本质上只是进口电视节目制作的“核心技术”，有研究甚至直接将电视节目模式称作“文化技术”。①它使模式引进国有更多节目可以制作，从而可能增加节目制作相关人员的就业机会。有研究表明，在引进模式本土化过程中，虽然原创团队的参与度因节目而异，但是本土化通常还是高度依靠本土的工作人员（Moran，2009）。比如在中国，很多民营的节目制作公司最初就是通过引进节目模式制作节目才得以生存并不断成长的，如果没有这些引进节目模式，这些公司能否如此顺利地成长都可能成问题。而引进模式带动的一些公司的成功又起到了示范作用，吸引不少原本“体制内”的工作人员从体制内走出来成立新的民营制作公司，实际是在带动着民营经济的扩大，增强这一领域的活力。②由于引进模式本土化的成功概率较高，因此，随着引进模式类节目的增多，整个市场规模被扩大，从而增加就业。比如，从2012年中国引进综艺模式增加开始，中国综艺节目的播出份额和收视份额就开始提高，以至于政府不得不颁布“限娱令”以降低其播出份额，即便如此，它的收视份额仍然在上升。③在世界不少地区，电视节目模式的贸易实际上促成了电视节目领域从“制播一体化”向“制播分离”制度转变，进一步促进了产业的分工和专业化，分工和专业化可以扩大市场规模，带来产业规模扩大，虽然可能导致就业的结构性调整，短期内可能导致结构性的失业，但是从长期来看，当劳动力供给逐渐适应了需求结构之后，总体还是会促进就业增加。④节目模式引进过程不仅引进的是模式本身，还有模式版权保护的意识和操作方式，进而潜在促进国内模式版权的形成和流通，进一步促进产业分工和专业化以及市场规模的扩大。这对于亚洲一些地区的意义非常明显。有研究认为，包括中国在内的亚洲国家传统和文化上以模仿为主，特别不利于形成无形的知识产权，而随着知识创造在社会中的作用日益提高，客观上又要求形成知识产权的保护以承认并实现知识创造的价值并弥补知识创造的成本。节目模式引进对这一点有特别重要的意义。⑤人们担心模式引进会侵蚀一国模式的原创能力，但是我们有案例表明，恰恰是最早进行模式引进并取得成功的企业也是最具模式创新能力的。比如在Chalaby（2016）所统计的“世界知名”节目模式中，唯一一个来自中国的原创节目模式就是由灿星公司所原创的《中国好歌曲》，而稍微仔细观察可发现，《中国好歌曲》模式其实是在引进 *Voice* 模式之后消化吸收再创新的结果。在没有一个很好的知识产权保护的环境下，“为了创新而创新”反而是对于真正创新活动的不认可和不尊重，因为它只承认原始创新。而在国际上知识产权保护比较完善的地方，一点点小的改进就被认为是创新并可以得到认可，并且从经济上得到成本的补偿甚至获取利润。这对于创新能力来说不会是侵蚀反而是促进。

第三，模式贸易在上述两种“保护”效应得到保证的同时，还兼顾了“开放效率”。模式的引进相当于带来了引进国原本不存在的“关键技术”；引进模式制作的电视节目带来了竞争，从而产生效率提升的“竞争增强效应”。在很多原来由国有公司占统治地位的产业中，最初从事模式引进的却是民营公司，而由于其通过引进模式制作的节目很受欢迎，所以促进了国有电视台从民营公司那里购买节目，从而在制度上进一步推动了“制播分离”，增强了电视节目产业链的竞争程度，提高了效率。总之，模式国际贸易可以说是全球范围内电视节目产业价值链分工深化所导致的巨大制度红利，使得“保护”和“开放”两者优势互补在两者之间找到了一个新的平衡点，促进文化和产业两者共同进步。

二、在通过“引进模式+本地内容”促进节目出口从而推动文化传播方面，中国在全世界范围内具备“不可多得”的巨大优势，应当加以利用

1. 中国具备不可多得的巨大优势

中国电视节目市场有巨大的规模，文化产业显著的规模经济效应会带来“本地市场效应”，所以，中国在通过“引进模式+本地内容”来出口电视节目从而传播中国文化方面具备巨大的优势，应该说，在全世界范围内，这种优势都是不多见的。中国应当抓住“全球化”所带来的这一机遇，实现电视节目领域文化贸易出口的跨越性发展。

在相当长的时间内，中国都将是国外电视节目模式的“净进口国”，但是随着引进模式的增多，引进模式与原创模式之间的成本收益比发生动态变化，中国会实现从模式引进方转变为模式原创者，最终成为模式出口方，甚至成为模式的净出口国。

中国在相当长时间内是模式的“净进口国”，这是“正常现象”，主要原因有两个：第一，电视节目模式国际贸易在全球仍属于比较新的现象，

而对于模式版权的形成与销售方面，欧洲及北美国家具备“先行优势”；第二，中国电视节目市场本身就很巨大，可以承担的模式引进版权价格也会较高，因此从成本方面讲，中国引进国外模式仍然还有潜力。此外，当前各种视频网站的出现及激烈竞争，带来对电视节目种类的巨大需求，综合考虑投资风险以及观众需求，引进模式来制作本地化节目可能是相当一部分新竞争者的理性选择。

2. 引进模式会伴随着中国原创节目模式迅速成长

随着引进节目模式的增多，引进与原创之间的成本收益比会发生动态变化，促使原创模式逐渐成为更理性的选择。换句话说，从动态角度看，模式引进有利于模式原创能力和环境的培育。在模式引进的初期，“引进”的相对成本较低，因为模式刚刚被引进国内，是否能成功还存在不确定性；同时，由于引进模式数量较少，学习到的经验和知识也较少，原创模式的人才条件和知识条件都不足，所以原创成本较高。相反，随着模式引进越来越多，对国外模式需求增加，某些国际流行的模式已经有了一定知名度，此时模式引进的成本会提高；另外，由于在模式引进中学习到了相关经验，引进方进行模式原创的条件也在改善，推动原创成本下降。引进模式时间越长，引进与原创的成本对比就越有利于原创。21 世纪以来，越来越多的国家和地区从原来的模式引进方成长为原创方，甚至从进口方成长为出口方，如比利时、哥伦比亚、以色列、韩国、土耳其；一些国家的出口模式数量不断增加，成为“老牌”模式出口国——美国和英国之后的第二梯队，如加拿大、丹麦、法国、德国、意大利、冰岛、挪威、西班牙、瑞典等；还有一些国家和地区的出口模式数量开始超过进口数量，如阿根廷和日本。中国目前也出现了原创模式出口海外的现象，如 2014 年 4 月，英国国际传媒集团 ITV 宣布，将从灿星制作订购模式节目《中国好歌曲》，并负责其国际发行权和英国播出权。全球电视行业资讯平台 C21Media 以“ITV 首次向中国模式致敬”为题对这一消息做了重点报道。

3. 政府政策应当创造有利环境

政府应当为引进模式—节目本地化—节目出口以及引进模式—模式创新—模式出口的演进过程提供一个健康的环境：第一，知识产权保护环境。合理完善的知识产权保护是降低版权贸易成本的根本条件，它可以使“引进模式版权”和“模仿抄袭”两个选择之间的成本对比状况发生根本转变，在没有知识产权保护的条件下，如果既引进版权又没有特别显著的品牌效应，那就会鼓励“抄袭式模仿”，这不利于长期形成健康的模式创新环境。第二，鼓励制播分离，制播分离会促进竞争。良好的竞争环境是英国、韩国、以色列等国家从模式进口国转型为出口国的重要原因。英国和韩国都为了防止电视节目产业出现“纵向一体化”的寡头垄断式结构，通过法律规定来强化“制播分离”制度，要求电视台必须要有一定百分比的节目从独立节目制作商那里外购获得。这些政策促使独立节目制作公司数量不断增加。韩国电视台数量也很少，只有 KBS、MBC、SBS 三家电视台，但是三家电视台“外购”节目份额在 21 世纪初达到 40%，韩国 1992 年有独立制作公司 100 家，2002 年达到 313 家，2005 年初达到 416 家。以色列电视观众数量只有 700 万，但是却有 50 多个电视频道，“制作的电视节目已经超过了本地能够吸收的程度”，电视节目国内市场的饱和是以色列电视节目模式不断走向出口的重要原因。中国的电视节目市场巨大，因此要成为电视节目模式的净出口国，还有相当长的路要走，但是只有鼓励良性竞争，才能促进这一进程更快实现。第三，应当取消对模式引进的“歧视性”限制政策。如前文所述，应当正确认识中国在较长时间内仍处于“模式净进口国”的地位，对于模式引进采取限制政策，不仅不利于中国电视节目的出口，在长期也不一定有利于模式原创环境的形成。

第五章 电视节目模式由引进到原创：理论与案例分析

本章分析中国电视节目模式引进对原创模式形成的作用。我们认为，电视节目模式的引进会产生合作学习效应、部分原创效应、环境培育效应和成本倒逼效应，推进模式引进国模式原创能力的提升。我们通过灿星公司的案例对上述效应进行验证，并针对引进模式和原创模式在当前中国的地位、模式设计方和内容制作方在价值链中的地位以及当前中国限制模式引进的政策进行了评论，认为中国电视节目产业的状况决定了在较长时间内中国将是模式的净进口国；模式设计方与内容制作方在价值链中的地位并不确定，取决于各自所处的市场结构；也对当前中国相关政策进行了评论。

第一节 问题的提出

21 世纪以来，全球电视节目领域的发展出现了一个突出特征，即电视节目模式版权贸易增长加速①。中国近年来也开始比较多地引进国外的电视节目模式，并制作出本土化的版本，不少节目也受到了欢迎。然而随着中国对国际模式引进速度的加快，关于节目模式引进影响国内节目模式原创能力的担忧也开始出现并不断强化，而且这种担忧也开始影响到国家相关部门的政策制定。2013 年 10 月，国家广电总局对“引进版权”进行限制，规定“每家卫视每年新引进的国外版权模式节目不得超过一档”，2016 年 6 月，广电总局又发布《关于大力推动广播电视节目自主创新工作

① 电视节目模式是以独特的叙事元素为核心，以具体的形式细节规定（如时间长度、布景、灯光、台词脚本、音乐、特效、主持人风格、制作安排等）为内容，且经过市场检验具有可移植性与可贸易性，能服务于特定节目内容再生产的制作程序。

的通知》，强调要支持鼓励自主原创节目，在播出安排和宣传评奖等方面优先考虑；同时明确规定“各电视上星综合频道每年在19：30—22：30开播的引进境外版权模式节目，不得超过两档。每个电视上星综合频道每年新播出的引进境外版权节目不得超过一档，第一年不得在19：30—22：30之间播出”。这些政策的制定充分体现出政策制定部门对同样引进节目模式影响国内节目模式原创能力方面的担忧。

这种担忧在学术界同样存在。不少研究者认为，中国对电视节目模式的引进导致模式缺乏创新、节目形式重复，甚至有人认为这属于国外对中国的“文化入侵”。如殷乐（2014）指出，当前中国模式的大量引进有可能加剧中国的创意产业链的低端位置，产生创意均一化甚至创新依赖，文化渗透的不均衡等。袁靖华和邢瀚元（2014）认为发达国家凭借其资金、技术、机制等优势处在电视创意产业链的顶端，并不断向我国输入大量带有西方价值观和世界观的电视节目模式，本土原创节目的生存面临巨大挑战，陷入“困局”。

笔者认为，电视节目模式国际贸易的发展是电视节目产业领域乃至整个文化产业领域的一个意义重大的“制度变革”，它可以帮助电视节目产业相对落后的国家实现跨越式发展。本书针对当前引起各界普遍关注的电视节目模式引进与原创的关系问题，在进行理论阐述的基础上，通过一则案例分析来进行验证，最后对与此相关的一些政策问题进行讨论。

第二节　电视节目模式引进促进原创的理论分析

对于引进国而言，电视节目模式贸易会导致多种效应，完成从进口模式到原创模式的过渡，甚至由模式引进国成长为模式出口国。在这一部分，我们首先分析模式引进推动模式原创产生的机理，然后分析这些机理在中国发挥作用的现状。

一、模式引进推动模式原创的机理

1. 合作学习效应

电视节目模式引进过程中，为了能够让引进方成功地制作本土化的节目，版权输出方需要提供完备的咨询套餐，其中包括详细达几百页的“制作圣经”（Production Bible）。此外，引进方还可以咨询输出方的制作顾问，在早期几期节目制作时与制作方在一起，即使前几期结束后回国，引进方依然可以通过电话邮件进行咨询（Chalaby，2015）。例如，国际知名的模式 *Dancing with the Stars* 和 *The Bachelor* 甚至还为不同地区的本地的被授权方组织召开国际会议（Chalaby，2015）。这个过程中，引进方必定获得大量制作节目模式的经验知识；另外，在当前模式国际交易迅速增长的背景下，还出现了版权特许方和被特许方的“联合制作”（Chalaby，2015a）。相对而言，联合制作方式中，模式提供方和引进方的合作更为深入和紧密，引进的授权方人才事实上加入了被授权的团队，共同开发本土化节目，也就是说，联合制作过程中涉及“人才引进”的过程。总之，模式引进过程类似于制造业领域的“技术引进、消化与吸收”，对模式的“再创新”将发挥重要的推动作用。

2. 引进模式的“部分原创”效应

虽然模式引进过程中往往涉及详细而精确的节目“制作圣经”，但是电视节目本身的制作程序还是有可能根据市场环境的变化而发生改变，引进节目模式在本土化制作并播出一段时间后，出于市场的需要，有可能出现模式本身针对本土市场所进行的部分调整，也就是模式的部分本土化，此时引进模式已经具备“部分原创”的性质。

3. 原创环境培育效应

模式原创需要人才条件和制度条件的支撑。人才条件是指要有具备模式设计能力的人才；而制度条件是指要具备模式版权保护的制度。在这两个条件当中，制度条件尤为重要。如果没有模式版权的保护制度，模式就无法进行市场交易，也就不会有模式设计与内容制作的专业化分工。引进模式版权交易过程可以提高引进方版权保护意识，也积累了版权形成，保护与交易的经验，使国内从业人员更加熟悉国际版权保护与交易惯例，对国内知识产权保护起到促进作用，为国内模式创新提供更好的法律环境，增强对模式创新的激励。电视节目模式版权贸易起源于欧洲，而它的国际版权保护制度其实也是在交易过程中出现，且目前仍在不断完善过程中。国际经验表明，模式版权意识的觉醒是在版权交易过程中出现并形成的，反过来又推动版权需求的提升和保护的诉求，改善版权保护的环境①。版权引进增加会导致一些模式版权交易的纠纷出现并诉诸法律，对国内相关的法律法规产生“需求”，从客观上“倒逼”国内法律环境不断完善。许

① 关于电视节目模式版权从无到有的产生与发展过程，可参见 Chalaby（2012）。

多法律法规都是在现实案例和判例出现问题时才产生完善的需要并加以改进。此时，包括学术界在内的社会各界也会对此引起关注，为相关知识产权保护问题的解决建言献策。对于模式引进方来说，由于模式引进涉及货币性支付的显性成本，而且成本有时还很高，因此对于他人的“模仿”甚至“抄袭”现象势必会更加敏感，当模仿者取得了一定程度的成功时，就更是如此。引进的成本越高，“模仿者”越成功，产生知识产权纠纷和诉讼的可能性就越大。而纠纷和诉讼越多，影响越大，人们对模式知识产权保护的意识就越强。

除了提高意识外，关于模式版权的形成及授权、引进也可以带来经验。模式版权的形成不是一件容易的事情，版权输出方需要提供完备的咨询套餐，包括详细达几百页的“制作圣经”（Production Bible）。对于引进方而言，这种版权的形成形式，都是需要学习的。另外，在版权交易过程中的合同条款规则和合同签订方式，对于可能涉及的具体问题的预见和解决方案设定，都可以在版权实际交易过程中进行学习积累。

4. 成本倒逼原创效应

从经济学角度看，“版权引进”和“版权原创”是具备替代性的两种战略，两者互为对方的“机会成本”。因此，对于电视节目制作方来说，模式引进和原创，到底哪一个是“理性选择”，就取决于两者的成本对比。而从版权引进方个体的角度看，“引进”和“原创”的成本对比关系经历着动态变化。在模式引进的初期，“引进”的相对成本较低，由于一种模式刚刚被引进，在引进国国内是否能够取得成功还存在诸多不确定性，因此引进的成本较低；同时，由于引进方引进的模式数量还比较少，学习的经验和知识也都相对较少，原创模式的人才条件和知识条件都不足，所以进行原创的成本较高。相反，一方面随着模式引进的数量越来越多，由于对国外模式的需求增加，某些国际流行的模式已经在国内有了一定的知名度，促使模式引进的成本会提高；另一方面由于在模式引进中已经产生了“合作学习效应”，引进方进行模式原创的条件也在改善，推动原创的成本在下降。

随着成本对比越来越有利于原创，一方面，模式引进方可能会减少模式的引进，更多地转向模式的原创；另一方面，引进方也可能在不减少模式引进的同时，增加模式的原创，用引进模式来“衍生”原创模式，或者利用衍生的原创模式自行制作节目，或者将衍生的原创模式授权给其他主体。总之，随着模式引进越来越多，模式引进的成本会上升，而模式原创的成本会下降，原创会越来越成为理性选择。

二、中国电视节目模式的引进、原创及出口

上文提到的合作学习效应、部分原创效应、环境培育效应、成本倒逼效应在中国近几年的电视节目模式引进实践中都有所体现。

1. 合作学习效应带来人才引进和经验分享，提升中国节目制作水平

以《奔跑吧兄弟》为例，在引进初期，版权方韩国 SBS 电视台派出了一个 50 人的团队协助中国团队拍摄，参与拍摄制作了前 4 集节目。他们工作的态度和效率让国内同行获益良多。经过多年综艺节目的磨炼，版权特许方对各个环节已形成合作体系，工作人员也对流程非常熟悉。专业的市场化运作给中国团队提供了便利。已有业内人士指出，引进过海外版权模式的团体，整体制作实力会得到提升，因为“真正的原创是在你具备一定的电视制作实务基础上的原创，如果自身实力还只能做一个特别小的演播室录播节目，要原创一个好的模式是不现实的。”另外，韩国制作人才后来也逐渐成为中国节目制作团队的一员。

2. 部分原创效应

由于中国具备巨大的电视节目市场规模，加上近年来电视节目竞争激烈，促使国际电视节目模式为了迎合中国市场而发生部分改变，甚至在中国首先出现了“原创的国际电视节目模式”，如《中国好声音第四季》就在全球范围内首次采用“导师对战”模式。可以想象，随着中国市场规模进一步扩大，很可能出现由国际化团队打造的首先针对中国市场的原创电视节目模式，并且在中国取得成功之后，再出口到国外①。

3. 成本倒逼效应促使中国制作方积极原创

随着引进模式数量的增加，一些电视节目制作单位就在考虑利用其引进成功综艺节目制作“衍生的原创模式”，并将其授权给国内或国外的其他制作单位。“引进一流的模式，衍生二流的原创模式”成为模式版权引进方的经营战略。另外，由于近年来节目模式引进的“井喷式”增长，也出现了可引进模式匮乏的现象。国内著名文化公司天娱传媒总裁龙丹妮指出，“我们用 10 年的时间几乎耗尽了国外 40 多年的研究成果”，出现了

---

① 2016 年 4 月《中国好声音》原版权 *The Voice* 版权所有方 Talpa 公司的首席执行官 Pim Schmitz 在接受采访时称“Talpa 正在筹备在中国建立合资公司的事宜”，同时明确指出“我们愿意帮助中国公司建立更好的节目制作设施和方法……带动中国原创节目的创意及研发”“中国正处于整个行业焦点”，参见 http：//mt. sohu. com/20160420/n445135487. shtml，2016-06-28.

"买无可买"的现象，并指出"历史和环境把我们推到了一个没有回头路的悬崖，必须原创，必须往前走"（段菁菁和韩青青，2015）。伴随着节目模式引进不断增加，一些原创的优质综艺节目已经开始出现，部分节目还具有了"现象级"节目的潜质，如《中国汉字听写大会》《一年级》《开讲了》《超级演说家》《我不是明星》《十二道锋味》《喜从天降》《笑傲江湖》《星兵报到》《有你一封信》等（刘俊和胡智锋，2015）。有的原创模式更是开始出口，如《中国好歌曲》作为原创模式，目前已经出口到了接近 30 个国家和地区。

4. 环境培育效应使中国国内行业更加规范

近年来，国内关于电视节目模式版权的争议也越来越多，也表明了人们对节目模式版权的重视（张常珊，2013）。而且自从中国开始大量引进国外模式以来，关于节目模式的学术研究就立刻将焦点放在模式版权的形成与保护上来，2012~2015 年，国内关于电视节目模式的文献可以说大多数是关于模式版权形成以及知识版权保护方面的。学术界的讨论可以为模式版权的形成和相关法律法规的制定起到一定的推动和促进作用。

目前，对电视节目模式版权的认识有了一定程度的提高，如江西电视台对创作的《传奇故事》栏目进行了版权保护登记，《中央电视台版权管理规定实施细则》全面试行，湖南卫视将《快乐大本营》的创意以专利形式申请相关权益，全国广电总局则大力推动"媒介资产管理"和"数字版权保护"等行动。国内也出现了多家专营节目模式版权代理的公司，如世熙传媒、创意亚洲、IPCN 等。事实证明，最早引进模式的公司也往往是最早进行模式原创甚至出口的公司。在中国，第一家引进国际电视节目模式的民营公司是"世熙传媒"，2007 年引进了英国广播公司的 *Strictly Come Dancing*，制作成湖南卫视的《舞动奇迹》；也是这家公司，在 2009 年与湖南卫视合作共同完成了全民卡拉 OK 节目《挑战麦克风》的模式化，这档节目的模式也被泰国正大集团下属电视机构 TRUE VISIONS 购买，这是中国第一次将自主研发创新的节目模式销往海外。目前成功输出国外的中国原创节目模式还有《中国好歌曲》《百里挑一》等。2016 年第四季度由浙江卫视推出的大型音乐类真人秀节目《声音的战争》（后更名为《梦想的声音》）推出了属于自己的"模式宝典"，在浙江卫视"中国蓝秋冬大片看片会"上，国际节目模式创新研发专家、中国社会科学院世界传媒研究中心秘书长冷淞教授颁发了关于《声音的战争》节目原创模式宝典报告及认证书。据说这是国家级科研机构专家第一次为节目研发进行原创认证①。

第三节　电视节目模式由引进到原创：灿星公司的案例

一、灿星公司从引进《好声音》到制作《中国新歌声》

上海灿星文化传播股份有限公司，简称灿星制作。自 2010 年以来，联合国内上星频道推出了近十档影响力巨大的综艺节目，代表作品有《中国达人秀》《中国好声音》《中国好歌曲》《舞林争霸》《出彩中国人》等。

1. 引进《荷兰好声音》模式制作《中国好声音》节目获得巨大成功，并推动中国电视业制播分离真正实现

2014 年 10 月 7 日《中国好声音》总决赛的平均收视率达到 4.7%，平均占有率为 15%，在 2014 年全国样本城市市场所有节目收视率排名中排第三位，仅次于 2014 年央视春节联欢晚会和元宵晚会②。

2. 从《中国好声音》到《中国好歌曲》，从引进到原创

在《中国好声音》获得巨大成功之后，灿星公司开始着手在引进节目模式的基础上进行一定的改变，以形成新的原创节目模式，这个自由原创模式就是《中国好歌曲》。虽然是原创，但是《中国好歌曲》在多个方面还是借鉴了《中国好声音》的方式，而且是由《中国好歌曲》全部工作人员研发的结果，应该说，如果没有《中国好声音》的制作经验，灿星公司也很难制作出《中国好歌曲》这种水平的综艺节目。《中国好歌曲》节目在中国也取得了很好的收视成绩，1 月 17 日的节目平均收视率达到 2.7%，平均占有率为 6%，在 2014 年全国样本城市市场综艺节目收视率排名中排第 15 位。

① 幕后左手原创，右手梦想！原创认证的《声音的战争》没那么简单［EB/OL］. http://www.piaoliang100.com/news/yule/458578.html，2017-02-17.

② 陈若愚. 中国电视收视年鉴（2015）［M］. 北京：中国传媒大学出版社，2015.

3.《中国好歌曲》成为中国首档输出欧洲的原创才艺节目

2014 年 4 月，英国国际传媒集团 ITV 宣布，将从灿星制作订购模式节目《中国好歌曲》，并负责其国际发行权和英国播出权。《中国好歌曲》成为中国首档输出欧洲的原创才艺节目，ITV 称此为“里程碑式的交易”。此次 ITV 引进《中国好歌曲》是中国原创节目首次输出海外，全球电视行业资讯平台 C21Media 以“ITV 首次向中国模式致敬”为题对这一消息做了重点报道。《中国好歌曲》模式的全球发行将由 ITV 旗下发行部门代理，他们将在两年内制作成《英国好歌曲》，播出平台可能是 ITV 或 BBC、Channel4、Sky 等英国电视台，《中国好歌曲》有望在 ITV 的运作下发行到世界更多国家。ITV 国际模式总监 Mike Beale 称：“此次交易是中英创造性合作的绝佳例子。”在 Chalaby（2016）列举的 2000~2015 年全球领先的才艺竞赛类电视节目模式中，《中国好歌曲》是唯一一个来自中国的原创节目模式。

4.《中国好声音》模式出现“中国式创新”

随着《中国好声音》节目在中国获得成功，该节目在中国出现了“部分模式创新”，即全球范围内首次加入一些“中国特色”的模式。如在第四季节目中出现的“双盲眼”模式和“导师对战”模式，都是 *The Voice* 模式在全球范围内首次采用的模式。

5.《中国好声音》版权交易出现纠纷，灿星公司启用原版模式①

2016 年 1 月 27 日，《好声音》荷兰原版（*The Voice*）模式研发者和版权拥有人 Talpa Global BV 发表声明，称已在 1 月 22 日向上海灿星文化传播有限公司的母公司提出了临时禁止令，禁止后者制作及播放《中国好声音第五季》节目。灿星随后发表声明称，2012 年，灿星与浙江卫视从荷兰 Talpa 引进 *The Voice* 节目模式。按照国际惯例，节目的模式费用占节目整体制作费的 5%左右，因此在 2012 年，灿星向 Talpa 支付了节目模式费 200 多万元。但 2013 年，灿星制作与 Talpa 公司就 *The Voice* 模式进行第一次续约谈判，Talpa 公司提出将模式费涨到每年 1 亿元。经过谈判，灿星最终以每年 6000 万元的价格得以续约成功。到了 2016 年初，灿星表示：“Talpa 公司又一次成功挑动了一家在 A 股上市的中国制作公司——唐德影视来参与 *The Voice* 节目模式的竞价，这一次 Talpa 公司采取了更为激烈的方式，不顾灿星拥有独家续约权，单方面拒绝与灿星进行续约谈判，迅速与唐德影视签订了所谓的意向书。”1 月 29 日下午，唐德携手荷兰 Talpa 召开发布

① 本部分资料为笔者根据各大媒体报道收集整理。

会，后者将 *The Voice* 节目模式在中国的独家管理、许可和应用的权利授予前者。唐德为五年四季的节目版权共支付 6000 万美元。5 月 6 日，Talpa 向香港国际仲裁中心仲裁庭提出申请，请求宣告其拥有“中国好声音”的五字中文节目名称。6 月 19 日，《中国好声音 2016》正式召开发布会，公布了新版节目模式的变化，如“导师转椅子”的方式将改为“坐滑梯”的模式，节目的标志也由原来的手握话筒做出 V 字形的样式改变为手握话筒的拳头，主色调也由红色改为绿色，舞台设计也发生了很大变化。标志着 2016 年起《中国好声音》不再引进版权，而是进行了模式的全新原创，致力于开发具有中国文化特色的电视综艺节目。6 月 20 日，北京知识产权法院做出诉前保全裁定，责令上海灿星文化传播有限公司和世纪丽亮（北京）国际文化传媒有限公司在节目宣传活动中停止使用“中国好声音”的名称和商标。6 月 22 日，香港国际仲裁中心仲裁庭驳回 Talpa 对其拥有“中国好声音”五个中文字节目名称的宣告要求，驳回 Talpa 对临时禁止 SCML/梦响（以及通过其临时禁止灿星和浙江卫视）使用“中国好声音”五个中文字节目名称（以及制作新节目）的救济请求。6 月 23 日，唐德影视正式向北京知识产权法院提交了起诉状，状告灿星文化等公司实施了商标侵权和不正当竞争行为，索赔 5.1 亿元。7 月 4 日，北京知识产权法院复议结果公布：维持原保全裁定，责令灿星停止使用“中国好声音”节目名称，该汉字最终归属仍等待法院裁决。7 月 6 日，浙江卫视发出“关于《中国好声音》节目将暂时更名为《中国新歌声》的声明”，对北京知识产权法院的保全裁定做出声明，表示暂时将节目更名为《中国新歌声》，但是同时也声明“好声音”的注册商标相关权益归浙江卫视拥有。至此，一档全新的原创节目《中国新歌声》已经诞生，从节目名称、节目标识、节目模式等各个方面都已经与《中国好声音》不再相同，是一个原创的节目模式。2016 年 7 月 15 日，第一期《中国新歌声》作为全新的原创模式节目正式播出。全国网数据显示，浙江卫视《中国新歌声》第一季第一期，CSM 全国网收视率高达 2.24，仅次于《奔跑吧兄弟》2016 年的收视记录[①]。

二、灿星公司的案例分析

从上述灿星公司的案例我们可以看到节目模式引进对模式原创的一系

① 人民网，http://sh.people.com.cn/n2/2016/0716/c134768-28678713.html，2016-07-16.

列促进机理。

1. 合作学习效应

《中国好歌曲》和《中国新歌声》都是灿星公司的原创节目模式，前者甚至还销售到了英国，但是如果稍微关注一下这两个节目，就会发现它们都与灿星公司引进的节目模式 *The Voice* 有关系。两档节目都是《中国好声音》原班人马制作，其节目流程也与《中国好声音》有一脉相承的特点。以最核心的“导师转椅”为例，虽然两档节目都没有采用这一核心模式环节，但是《中国好歌曲》中的导师按下遮挡板和《中国新歌声》中导师按键滑梯的环节都应当是受到了转椅的启发。在与 *The Voice* 合作的几年中，灿星公司也积累了大量的节目制作经验，所以即使在唐德影视拿到了 *The Voice* 的版权授权之后，也没有像灿星公司一样能够迅速制作出节目。

2. 环境培育效应

这一点从灿星公司与 Talpa 及唐德影视的一系列关于《中国好声音》中文名称版权的争议中可以看出，至少三家公司都在利用法律的手段去争取中文名称的归属权。在整个过程中，虽然三方都在发布各种声明，但是总体而言，依然是遵行法院的判决和仲裁结果。灿星公司作为最成功的模式引进者之一，对模式引进中涉及的版权纠纷总体上表现出了尊重法律的态度。这一事件有助于引起行业和整个社会对模式知识产权保护的关注。

3. 成本倒逼效应

从引进模式《中国好声音》到原创模式《中国新歌声》的转变过程中，“成本倒逼”可以说是一个最为关键的因素。在灿星公司与 Talpa 版权争议的开始，就是因为灿星认为 Talpa“索要高价”，而对于 Talpa 而言，国内确实也有愿意支付这一“高价”的合作方。随着《中国好声音》节目受到欢迎，模式引进方的成本也在提高，而对于灿星而言，由于其已经具备了较强的原创节目模式的能力，因此原创模式的成本在下降，这使得制作原创节目日渐成为理性的选择。自从《中国好声音》知识产权纠纷案开始以来，灿星公司总裁已经多次表示“今后不会再买版权，以后只做100%的原创节目”，但同时也强调“不拒绝联合开发或与电视台共享 IP”“但是要具有 100%的自主知识产权”。

第四节　结论与讨论

本书在理论分析的基础上，以灿星公司为例，分析了电视节目模式引进促进原创的机理。本书研究表明，电视节目模式的引进可以通过合作学习效应、环境培育效应、成本倒逼效应来促进原创节目模式的产生，中国作为全球第二大电视节目市场，其巨大的市场规模促使国际电视节目模式为了中国市场而改变，也正在吸引国际模式制作方在中国开发原创节目模式。我们认为，电视节目模式国际贸易的发展对于中国电视节目产业而言是巨大的国际机遇，而中国在利用这一国际机遇的方面具有独一无二的优势。

在本书研究的基础上，笔者还想就以下问题做出讨论：

第一，在相当长的时间内，中国都将是国外电视节目模式的“净进口国”，这是“正常现象”，主要原因有两个：一是电视节目模式国际贸易在全球仍属于比较新的现象，而在模式版权的形成与销售方面，欧洲及北美国家具备“先行优势”；二是中国电视节目市场本身就很巨大，加上当前各种视频网站的出现及激烈竞争，这是从“供给侧”方面进一步扩大市场规模，这些“新出现”的节目播出平台对于电视节目的需求是巨大的，综合考虑投资、风险以及观众需求，它们将对引进模式产生巨大的需求。

第二，从经济学的角度看，“原创模式”与“引进模式”是两种可替代的选择方案，作为同一价值链中的两个环节，“模式提供方”与“内容制作方”之间对双方控制力的强弱，也是由双方所处的市场结构所决定的，并不一定有固定的答案，两者也没有优劣之分。如 Chalaby（2015）就以全球价值链理论为基础，研究了在电视节目全球价值链中各利益相关者的分工地位，发现模式提供者仍然处于“弱势地位”。因为“模式提供者”往往处于一种竞争性的市场结构当中，其数量比各国本土的播出平台数量要多得多，竞争性也强得多，这种背景下，模式提供方所具备的“垄断力”低于播出平台；如果内容制作方与播出平台之间的联系更加紧密，那么模式提供方往往会受到内容制作方更大的影响。

第三，从发展对外文化贸易、提高文化国际影响力的最根本意义层面上讲，模式引进不仅不会阻碍中国电视节目出口，反而会促进中国电视节目出口，从而提升中国文化的国际影响力。模式本身恰恰是不具备文化性的，它可以与任何特色的文化内容相搭配，形成具备国别文化特色的节目，同时由于模式本身已经得到了部分市场的认可，所以模式本土化节目在本土以及世界其他国家受到欢迎的可能性更高。由于中国是世界第二大电视节目市场，“本地市场效应”的发挥使得中国的电视节目更容易搭载国际化节目模式的“快车”实现跨越性发展，甚至迅速提升国际竞争力，实现出口。对于中国来说，引进节目模式并进行本土化，是发展电视节目成品出口贸易的“捷径”。

以美国为例，许多美国制作的电视节目风靡全球，但是其模式却是从其他国家引进的。如全球都很受欢迎的美国电视剧《国土安全》是翻拍于以色列的剧集；《丑女贝蒂》也是翻拍于拉丁国家的电视剧，这些剧集在全球都有多个版本，但是在世界范围内最受欢迎的却是美国的版本，甚至很多观众根本不知道这些“著名的美剧”的原创模式是来自哪里。不少真人秀节目的模式也是起源于英国或其他欧洲国家，在全球制作多个本土版本之后，节目流行度最高的却是美国版，如源自英国的美国版《卧底老板》（*Undercover Boss*）、《超级育儿师》（*Supernanny*）[①]、*Who Do You Think You Are*，还有美国版的《达人秀》（*America's Got Talent*）（Clhalaby，2016）。

第四，随着中国引进模式的增加，合作学习效应、成本倒逼效应和环境培育效应会促进中国原创节目模式的出现并迅速发展，同时国外模式研发者也会越来越多地为中国市场“量身定做”原创模式，甚至将以中国为基础的原创模式推广到世界其他国家。到时候，引进模式的比重甚至数量都会和现在相比有所下降，但是即使如此，模式引进仍将是一个长期存在的现象。模式引进与原创并存，使中国电视节目模式始终处于一个国际竞争环境当中，有利于推动中国原创节目模式的创新，也为中国的电视节目观众提供了巨大的福利。对于电视节目模式引进实施的任何限制性政策都是对消费者福利的一种损害。

第五，限制模式引进的政策可能不会达到预期的政策效果，甚至“适得其反”。首先，限制模式引进可能导致国内节目制作商模仿国际节目模式，对国内的模式知识产权保护环境形成不利的影响，甚至使国内来之不易的知识产权保护意识及环境遭遇倒退。通过近年来国外模式版权的引进，国内电视节目领域以及国内观众都对版权作为知识产权的保护有了意

① 中国版《超级育儿师》由 IPCN 国际传媒与 80 制作联合制作，已经于 2016 年 6 月 22 日在安徽卫视播出。

识上的提升，国际节目版权贸易的实践为国内模式知识产权保护的形成与完善发挥了重要作用，可以想象，只要模式引进的环境一直存在，模式形成版权的机制定会不断完善，并且正在成为一种行业“惯例”。如果限制模式引进，就很可能出现另外一种情境：模式虽然被限制，但是电视节目制作方降低成本和提高节目质量及受欢迎程度的努力不会改变，原本国际化模式的引进可以是其他条件相同情况下的一个“低成本”选择，在国际化模式引进被允许的情况下，如果它不是低成本选择，节目制作方自然会选择进行原创。但是模式引进的限制使节目制作方失去了这一“低成本”的选择，同时，在节目制作方进行模式原创的经验不足的情况下，很可能会使节目制作方通过或明或暗的方式进行“模仿”甚至“抄袭”。其次，限制引进节目模式很可能反而使引进模式成为“赢者通吃”的少数。在包括电视节目产业在内的文化产业，“赢者通吃”是普遍现象，有学者将这种现象描述为人们对一种产品的需求，不取决于其所带来的绝对效用水平，而取决于它的“相对效用水平”，因此由于两种产品需求水平的差距远远大于它们绝对效用水平的差距，相对效用水平较高的产品会吸引几乎所有消费者的需求。“赢者通吃”现象可以用文化产品的“网络外部性”、消费者的“搜索成本”以及文化产品差异化导致的“不可完全替代性”所解释。如果对引进模式没有明确限制，国际化模式之间可以相互竞争，“赢者通吃”现象相对难以形成，即使仍然有可能形成，也可以提升节目整体竞争水平和质量。但是如果限制引进模式，即只允许少数模式引进，甚至“黄金时段”只允许引进一种模式，那么反而使引进模式节目形成“垄断”。在这种情况下，由于引进模式本身少，所以很可能是最受欢迎的国外模式，加上本土化的内容，本身就可能对纯原创节目有优势，此时，如果“纯原创”节目无法达到无引进限制情况下受欢迎程度第二名的引进模式节目，那这种情况下实际引进的节目模式就很可能更加迅速地形成“赢者通吃”的“垄断”现象，既会进一步推高模式引进价格，也不利于原创模式环境的健康发展。

第六章 引进节目模式对中国电视节目受欢迎程度的影响[①]

本章首次用 341 个中国综艺节目样本对引进节目模式是否提升节目点击率进行了实证分析。在控制了电视台、明星影响力、模式来源国、节目类型、是否续季、是否黄金时段播出、是否周末播出、播出年份等因素的情况下，我们发现引进节目模式确实对中国综艺节目的受欢迎程度产生了显著的正向影响，进一步控制了模仿类模式节目并分年份子样本回归后，这一显著正向影响依然存在，但逐年下降，说明中国原创节目受欢迎程度也在逐年提升。文章对引进模式提升节目受欢迎程度的影响机理进行了理论解释，并对相关政策实践进行了评论。

第一节 引言

21 世纪以来，电视节目模式国际贸易迅速发展，成为电视节目领域引人注目的新现象，对于全球电视节目产业产生了深远影响（罗立彬，2016a），降低风险被认为是其迅速发展的重要动因之一。电视节目风险较高，全球商业电视台新节目中有一半在首播后会失败，每八个电视节目中只有一个节目能长期播出（PACT，2014）。已有模式在一定程度上经受了市场考验，可规避风险（Chalaby，2015）。

中国从 2012 年开始引进一些颇受欢迎的电视节目模式，出现一些

① 本章发表于《中国文化产业评论》第 28 卷，作者为罗立彬、刘尧尧和汪浩，后两位作者分别为北京第二外国语学院经济学院国际商务专业和国际经济与贸易专业硕士研究生。本章内容也曾经作为入选论文在 2018 年澳大利亚墨尔本举行的第 20 届国际文化经济学大会上宣讲，笔者感谢大会现场专家对论文提出的修改意见；同时感谢美国北佛罗里达大学考金商学院陆忠平教授对本文提出的修改建议。文责自负。

“典型事实”。某些引进模式本土化节目迅速成为“现象级”节目①。据统计，2015 年现象级综艺节目包括《中国好声音第四季》《奔跑吧兄弟第二季》《爸爸去哪儿第三季》以及《极限挑战》等（叶立，2017），其中前三个都是引进模式本土化的节目，第四个虽然不是引进模式，但有不少“模仿”的嫌疑和证据②。灿星公司引进荷兰 *The Voice* 模式并本土化制作成的《中国好声音》在 2014 年 10 月 7 日的第三季总决赛的平均收视率达到 4.7%，平均占有率为 15%，在同年全国样本城市市场所有节目收视率排名中列第三，仅次于同年中央电视台春节联欢晚会和元宵晚会（罗立彬，2016）。“现象级”节目直接带动了综艺节目的收视率，也带动了中国电视节目的出口（罗立彬，2017）。2012～2016 年，全国样本城市市场综艺节目播出份额分别为 6.5%、6.4%、6.1%、5.9%、6.1%；收视份额分别为 10.8%、11.5%、11.4%、13.0%、13.7%，其收视播出比（收视份额/播出份额）分别为 1.66、1.80、1.87、2.20、2.25，在各类节目中，综艺是提升速度最快的节目类型之一。如表 6-1 所示。

表 6-1　2012～2016 年各类型节目收视播出比

类别＼年份	2012	2013	2014	2015	2016
新闻/时事	1.31	1.31	1.30	1.28	1.29
综艺	1.66	1.80	1.87	2.20	2.25
电视剧	1.22	1.18	1.24	1.15	1.09
体育	1.39	1.09	1.36	1.33	1.59
专题	0.73	0.68	0.69	0.72	0.75
教学	0.25	0.33	0.33	0.33	0.33
外语	0.00	0.00	0.00	0.00	0.00
青少年	1.24	1.38	1.44	1.21	1.19
音乐	0.70	0.80	0.80	0.83	1.11
电影	1.17	1.05	1.26	1.33	1.35

① 所谓现象级节目，是指在短期内迅速爆红而广为人知，并产生一定社会影响力的电视节目。业界对现象级综艺节目普遍认可的硬性标准是每期节目制作成本至少 300 万元；全国网收视率超过 2%；节目创造的综合价值在亿元以上。

② 本文后面部分对模仿或抄袭的判断标准进行了更为细致的描述。

续表

年份 类别	2012	2013	2014	2015	2016
戏剧	0. 83	0. 67	0. 80	0. 67	0. 67
财经	0. 60	0. 57	0. 67	0. 91	0. 90
生活服务	0. 55	0. 52	0. 46	0. 48	0. 50
法制	1. 20	1. 27	1. 27	1. 06	1. 07
其他	0. 68	0. 74	0. 73	0. 72	0. 66

资料来源：笔者根据《中国电视收视年鉴》（2017）数据计算。

但引进模式本土化节目并非全都成功，如全球最流行、授权面最广的 *Big Brother* 模式，中国版本在优酷播出时，关注度就很有限。类似案例还有《冰雪星动力》《小善大爱》《今天吃什么》《星球大战》《生活大爆笑》《加油吧！新郎》等，均默默无闻。因此，引进模式在多大程度上能提高节目受关注程度，是有必要实证研究的问题。但截至目前，尚未有实证研究验证这一问题。

从 2014 年开始，虽然政府相关部门对引进节目模式的正面作用给予了肯定，但依然针对引进节目模式“泛滥”的情况进行了整顿。如 2014 年 10 月国家新闻出版广电总局发出的《关于做好电视上星综合频道节目编排和备案工作的通知》第二条规定，“各电视上星综合频道每年播出的新引进境外版权模式节目不得超过 1 个，当年不得安排在 19：30—22：00 之间播出”。2016 年 6 月，国家广电总局发布了《关于大力推动广播电视节目自主创新工作的通知》，对电视节目模式引进进行了最严格的限制，除了要求引进节目模式严格备案之外，还明确规定“各电视上星综合频道每年在 19：30—22：30 开播的引进境外版权模式节目，不得超过两档”；“每个电视上星综合频道每年新播出的引进境外版权模式节目不得超过一档，第一年不得在 19：30—22：30 之间播出。”此外，还指出“与境外机构联合研发、邀请境外人员担任主创人员或境外人员在节目制作中发挥主要指导作用的节目，如中方未取得完全知识产权，视同引进境外版权模式节目管理，需完整履行备案程序，合并计算”，以防止以联合制作为由打“擦边球”。2017 年 8 月 5 日，国家新闻出版广电总局又发布了《关于把电视上星综合频道办成讲导向、有文化的传播平台的通知》，明确指出“总局倡导鼓励制作播出具有中华文化特色的自主原创节目，原则上黄金时段不再播出引进境外模式的节目”。对于引进模式类的电视节目的播出又提出了进一步的限制：由“黄金时段不超过两档”且“第一年引进不得在黄金时段播出”，变为“原则上黄金时段不再播出”。

此外，党的十九大报告中明确指出要“发展文化事业和文化产业”，要“不忘本来、吸收外来、面向未来”，“以我为主，兼收并蓄”。国民经济“十三五”规划中又明确指出“要使文化产业成为支柱性产业”“中华文化影响力逐渐扩大”，电视节目产业是核心文化产业中市场规模比较大的重要组成部分。电视节目制作具备规模经济效应，因此其对外贸易具备“本地市场效应”，本地市场规模对电视节目出口有决定性的重要意义。如果引进模式制作本土化内容的电视节目有助于提高收视率并扩大市场规模，那它就对中国电视节目产业及对外贸易发展具有重要意义。从这个意义上讲，对引进节目模式是否能够提升节目收视率这一问题进行深入的理论和实证研究，具有重要的实践意义。

国内外学术界对电视节目模式国际贸易的关注起始于描述性研究，如模式贸易概述（Chalaby，2011，2015b；Esser 和 Jensen，2015；张建珍和彭侃，2013）、模式版权形成的背景和历程（Chalaby，2012）。其次是少量的相关理论研究，如 Chalaby（2015）以全球价值链理论为基础，论证了在电视节目全球价值链中各利益相关者的分工地位，认为模式提供者处于“弱势地位”；国内学者对模式如何影响中国电视业进行了大量论述（殷乐，2014；张常珊，2013；袁靖华和邢瀚元，2014）；近年密切关注模式的知识产权保护（刘承韪和吕冰心，2018；王玉奇，2018）；或以某一特定节目为案例对模式本地化创新路径进行研究（冯哲辉和胡迪，2018）。此外，也有一些研究对电视节目模式对中国电视节目产业发展的利弊进行了分析，如罗立彬（2017）认为电视节目模式引进可以带来平台效应、市场开拓效应和风险降低效应以促进电视节目出口，而“文化折扣”和“本地市场效应”则为上述机制的实现提供有利条件；吴坤埔（2014）指出引入和改进国外节目模式激发并提高了我国综艺节目的创新力。蒋晴（2015）认为节目模式引进呈现多元化特征，使真人秀节目也出现了旅游类、汽车类、亲子类、婚恋类、夫妻类、竞技类等多种类型。总之，国内外对于电视节目模式国际贸易问题以及中国引进节目模式的现象进行了一定的研究，也提出了一些重要观点。但是对节目模式引进对于中国电视节目产业发展影响的实证分析，尤其是运用较系统的数据进行的实证分析仍然较少见到，本书希望在这方面进行尝试。

第二节　数据简单观察

本书用主流视频网站的网络点击量来测度电视节目的受欢迎程度。之所以用网络数据而非电视收视率数据，原因有两个：一是近两年中国网络视频逐渐崛起，而电视开机率近几年逐年下降，网络点击率可能更能说明电视节目的受欢迎程度①；二是网络点击量数据更具可获得性。

数据是来自艺恩网 APP 上对 2014 年 1 月 1 日到 2017 年 12 月 31 日电视播出的综艺节目在网站上的点击量数据，数据收集的截止时间为已完结节目最后一期播放后的两周内或未完结节目的最后一期；在剔除一些数据不全的样本后，共保留综艺节目 430 个，29979 条有效点击量数据。其中引进节目 69 个，占比 16.05%；国内原创节目 361 个，占比 83.95%。

首先对引进模式类和原创模式类节目的总体点击量情况进行观察和对比。由于各节目播出起始时间长度不同，所以不同节目样本统计天数也有所不同，我们计算各节目每天点击量的均值作为比较指标，将所有节目分为引进类和原创类两类，再分别计算两类节目中各个节目的均值、标准差和中位数。

引进模式本土化节目点击量高于纯原创节目，且变异系数更小，这说明引进模式本土化的节目既可以带来更高的节目点击率，也能够降低风险。引进节目点击量的均值为 803.59 万，标准差为 1641.70 万；原创节目点击量的均值为 348.39 万，标准差为 901.26 万，引进节目点击量的均值和标准差都高于原创类节目（见表 6-2）。但是引进节目的变异系数②为 204.3%，小于原创类节目。说明引进模式本土化节目比原创类节目更受欢迎，风险也更小。

---

① 根据《2016 中国电视台转型研究报告》，中国有近九成网民会使用其他智能终端收看电视节目，其中又以智能手机为最主要的终端。与 2014 年相比，2015 年网民与朋友讨论、与网友互动的比例都有所增长，网民观看节目时的社交需求不断增强。

② 变异系数是标准差与均值之比，用于测度数据的离散程度。

表 6-2　引进模式节目和原创模式节目点击量相关情况对比　单位：万

节目类别	均值	标准差	变异系数	中位数
引进类	803.59	1641.70	2.04	252.90
原创类	348.39	901.26	2.59	67.69
引进类（剔除 5%异常值）	511.06	721.60	1.41	230.09
原创类（剔除 5%异常值）	190.05	316.43	1.67	59.35

资料来源：笔者自制。

考虑到综艺节目具有"赢者通吃"效应，即一档广受欢迎的综艺节目随着节目的播出，会不断地扩散其知名度，吸引越来越多的观众群，这些少数具备观众聚集能力的综艺节目会拉高节目点击量。我们对样本节目点击情况绘制的箱状图也很明显地表明了这一点（见图 6-1）。

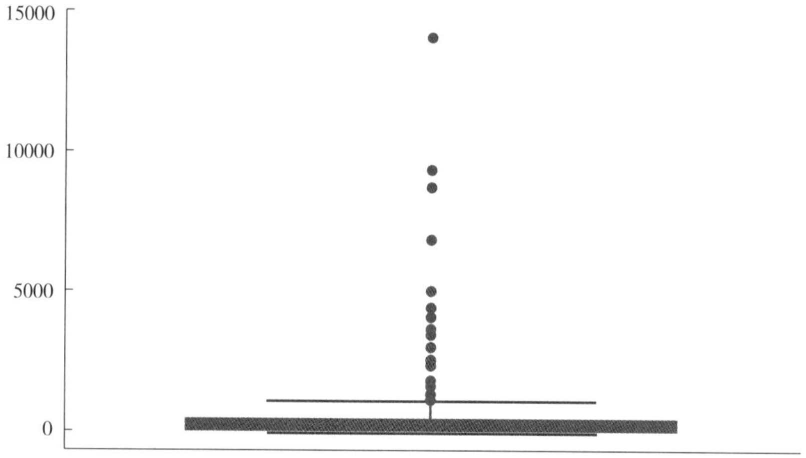

图 6-1　样本节目点击量的箱状图

为剔除极端值对总体的影响，我们分别将两类节目中点击量处于最高的 5%的节目剔除，这种处理使得 18 个原创节目数据以及 3 个引进节目数据被剔除掉了，剔除后两类节目的点击量均值都有所下降，但引进类节目仍高于原创类，两类节目点击量均值分别为 511.06 和 190.05，同时标准差也都下降了。即使如此，引进类节目的变异系数（141.19%）仍然低于原创类（166.5%）。说明剔除数据之后，并没有改变引进类节目更受欢迎且点击量更为稳定的结论。

第三节 计量模型分析

1. 计量模型

为更深入地研究节目模式引进对节目受欢迎程度产生何种影响，设定如下计量方程：

$$ls_i = \alpha_0 + \alpha_1 iy_i + \sum_{j=1}^{3} \beta_j t_{ji} + \sum_{j=1}^{10} \gamma_j g_{ji} + \sum_{j=1}^{2} \delta_j f_{ji} + \theta sy_i + \rho li_i + \sigma ps_i + \phi w_i + \sum_{j=2015}^{2017} year_{ji} + \varepsilon_i$$

2. 考察变量和控制变量

用于回归的数据收集的时间是 2014 年至 2017 年 10 月，最后进入样本的总计 341 个节目，构成一个横截面数据集。本书选取节目播出后前四周的总点击量对数作为因变量，重点考察的自变量为虚拟变量“是否引进”（iy_t），如果节目 i 是引进模式类节目，则 iy_i 等于 1，否则等于 0，即主要考察引进模式对节目收视是否存在显著影响。控制变量如下：

（1）播放电视台（t_{ji}）。首播平台的影响力可能影响节目的受欢迎程度。基于《中国电视收视率年鉴》2016 年全国样本城市市场份额排名，我们将样本中电视台分为四类：一类电视台收视份额大于等于 3%，有 CCTV-1、CCTV-3、CCTV-6、湖南卫视；二类电视台收视份额大于等于 2%小于 3%，包括浙江卫视、东方卫视、江苏卫视；三类电视台收视份额大于等于 1%小于 2%，包括北京卫视、安徽卫视、金鹰卡通、山东卫视；余下的电视台收视份额都小于 1%，为第四类电视台。

（2）引进模式来源（f_{ji}）。不同国家模式引入中国的适应度可能不同，对节目点击量的影响可能也有差异，我们将引进模式来源地分为欧美国家、日本和韩国三类。

（3）节目类型。综合考虑优酷、爱奇艺视频网站节目分类标准，将样本数据分为创投、喜剧、家装、益智竞答、真人秀、纪实、美食、脱口秀、音乐、访谈和其他类型，其中其他类型的节目包括那些样本量比较小的数据，主要包括交友亲子、情景剧、戏曲、播报、求真、电影综艺、相亲、科学、科技、主持选秀等。

（4）是否黄金时段（ps_i）。黄金时段收视率一般较高，因此我们引入虚拟变量 ps_i，如果节目 i 是在黄金时段播出，ps_i 就为 1，否则就为 0。根据《中国电视收视年鉴》统计，国内电视台（尤其是卫视和央视频道）全天收视走势呈双峰型，分别分布在午间和晚间。全天收视最高峰时段出现在晚间黄金时段 19：00—22：00，全天最高峰峰值出现在 20：30 左右，在不同的播出时间段各大卫视凭借自身的特点和节目资源，在不同的时段形成了自己的收视用户群和竞争优势①。我们将晚间 19：30—22：30 归为黄金时段，其他时间为非黄金时段。

（5）是否为周末播出（w_i）。周末播出的节目收视率较高，我们设置虚拟变量 w_i，如果节目是周五到周日播出的，w_i 就为 1，否则就是 0。

（6）是否续季（sy_i）。若前序节目播出效果良好，就可能形成稳定而优质的忠实观众，对节目续季收视产生正向影响。我们设置虚拟变量 sy_i，如果节目 i 属于续季节目，sy_i 就等于 1，全新节目则取值 0。

（7）明星的影响力（li_i）。综艺节目中明星的影响力可能对节目收视率有重要影响，本书选择样本中综艺节目开播前一周主要嘉宾的平均百度指数的对数作为衡量明星影响力的自变量指标。

（8）播出年份（$year_{ji}$）。近年来国内综艺节目发展很快，人们对不同年份的综艺节目关注度有可能有显著不同，我们在一些回归中加入年份变量来测度这种影响。

3. 数据描述

节目点击量数据来自艺恩网 APP，涉及 2014~2017 年共 341 档电视综艺节目，我们通过查找百度百科等网上资料来确定各个节目是否为引进模式版权、播出时间和时段、主要嘉宾、模式来源国，节目类型数据来自优酷、爱奇艺、腾讯视频等主流视频网站。在所有 341 个节目样本中，有 19.65%的节目是引进模式类节目，97.65%的节目是在黄金时段播放的，27.86%的节目是周末播放的，27.85%是续季节目。从类型上看，真人秀节目最多，占 65.4%，播出平台主要集中在二类电视台，占 37%，然后是四类电视台，占 30%左右；播出时间 2016 年的最多，占 32.3%，然后是 2017 年的，占 29.6%。

本书的样本数据描述如表 6-3 所示。

① 徐立军．中国电视收视年鉴（2016）［M］．北京：中国传媒大学出版社，2016.

表 6-3 样本数据描述

变量	样本量	均值	标准差	最小值	最大值
点击量	341	13330. 67	36252. 86	0. 09	407545. 31
引进	62	0. 20	0. 40	0. 00	1. 00
黄金时段	334	0. 98	0. 15	0. 00	1. 00
周末	165	0. 49	0. 50	0. 00	1. 00
续集	96	0. 28	0. 45	0. 00	1. 00
创投	6	0. 02	0. 13	0. 00	1. 00
喜剧	17	0. 05	0. 22	0. 00	1. 00
家装	4	0. 01	0. 11	0. 00	1. 00
益智竞答	8	0. 02	0. 15	0. 00	1. 00
真人秀	223	0. 65	0. 48	0. 00	1. 00
纪实	9	0. 03	0. 16	0. 00	1. 00
美食	4	0. 01	0. 11	0. 00	1. 00
脱口秀	22	0. 06	0. 25	0. 00	1. 00
访谈	11	0. 03	0. 18	0. 00	1. 00
其他类型	8	0. 02	0. 15	0. 00	1. 00
来自欧美国家	18	0. 05	0. 22	0. 00	1. 00
来自韩国	42	0. 12	0. 33	0. 00	1. 00
一类电视台	47	0. 14	0. 35	0. 00	1. 00
二类电视台	129	0. 38	0. 49	0. 00	1. 00
三类电视台	63	0. 18	0. 39	0. 00	1. 00
2014 年	48	0. 14	0. 35	0. 00	1. 00
2015 年	82	0. 24	0. 43	0. 00	1. 00
2016 年	110	0. 32	0. 47	0. 00	1. 00
2017 年	101	0. 30	0. 46	0. 00	1. 00
影响力指数	341. 00	88. 51	79. 73	1. 00	242. 00

资料来源：笔者自制。

4. 结果分析①

我们用 OLS 进行回归，分别针对有无异方差以及是否加入年份控制变量的情况进行回归，最后形成四个回归结果，如表 6-4 所示。

表 6-4 回归结果（因变量：节目首播后四周内点击量总和的对数）

变量	模型一	模型二	模型三	模型四
iy	1.96**	1.96***	1.57*	1.57***
ps	1.20	1.20**	1.69**	1.69***
w	0.66**	0.66**	0.50*	0.50*
sy	0.98***	0.98***	0.13	0.13
li	0.19***	0.19***	0.18***	0.18***
_cons	3.99***	3.99***	2.78***	2.78***
其他控制变量	有	有	有	有
引入年份变量	无	无	是	有
异方差稳健	否	是	否	是
R-squared	0.32	0.32	0.42	0.42
样本量	341	341	341	341

注：*、**、*** 分别表示在 1%、5%、10%的水平下显著。

资料来源：笔者自制。

第一，引进节目模式能显著提高节目的点击率。在所有四个回归结果中，在控制了所有的控制变量的情况下，节目的点击率依然至少在 10%水平下显著受到引进节目模式的正向影响，这与我们之前简单数据分析结果是一致的，即引进模式节目与本土原创节目（非引进节目）相比受欢迎度更高，也就能够获得更多点击量。

第二，电视综艺的收视情况与节目嘉宾影响力有显著正相关关系。这说明在综艺节目中，邀请明星的参与，可以带来粉丝流量，对节目的收视率有正向影响，而明星也可以通过参加综艺节目增加自己的曝光度和知名度，促进综艺中明星元素的加入。

第三，在控制异方差影响后，尤其是加入年份虚拟变量后，节目的收视率和是否在黄金时段播出有正向显著关系。虽然国家对晚间黄金时段播

① 出于篇幅考虑，本书分析结果只报告部分变量结果。

放的综艺节目进行了限制，但是综艺节目收视表现依旧良好。

第四，综艺节目播放平台对节目点击量有显著影响。一类电视台和二类电视台（CCTV-1、CCTV-3、CCTV-6、湖南卫视、浙江卫视、东方卫视、江苏卫视）播出的综艺节目点击量更高。这些电视台也是引进节目模式最多的电视台，在样本中的341个节目中，共有62个引进节目，34家电视台，上述7家电视台囊括了其中的42档综艺节目，占比高达67.74%。

5. 稳健性检验

本书进行如下稳健性检验：一是将模仿国外节目模式的节目作为新类别进入回归模型，一方面可以检验引进节目模式这一变量的稳健性，另一方面也可以研究模仿型节目模式的作用。二是将不同年份的数据子样本单独进行回归，来看引进节目模式的显著性，这也可以检验引进节目模式在不同年份对节目点击量影响的差异。

（1）加入模仿国外模式的节目。上文讨论的引进模式是节目播出方明确表明引进的节目，即正式引进了模式版权或者与外方版权方联合制作的节目；但近年来，在成功引进节目模式的影响下，国内也出现了一些模仿国外模式的节目，它们既未引进模式版权，也未和国外版权方进行联合制作，但是模式与国外某些节目十分雷同。经过笔者的统计，在本书样本的341个节目中，涉及模仿的节目包括《非正式会谈》《四大名助》《出彩中国人》在内的71个节目，其中不乏高收视率或者口碑很高的综艺节目，如《挑战者联盟》第一季和第二季的收视率在周六晚间省级卫视所有综艺节目收视率排名前两位①，《非正式会谈第三季》豆瓣评分高达9.0分。

本书对模仿类节目的判定标准是某档在没有明确引进版权的前提下，对国外另外一档节目的节目流程、舞台布景进行明显的模仿，并可以找到明显证据的节目②。部分具体涉及模仿的节目数据如表6-5所示。

表6-5　模仿类节目数据

节目名称	模仿节目名称	模仿国别
《挑战者联盟第二季》	*running man*	韩国
《花儿与少年第三季》	《花样姐姐》	韩国

① 数据来自央视索福瑞调查。

② 我们通过在网上以某节目名称加上“模仿”“抄袭”为关键词，来搜索节目模仿的证据，判定标准是有明确的模仿证据，如节目流程图片对比、外方侵权控诉等。

续表

节目名称	模仿节目名称	模仿国别
《四大名助第四季》	《大民国脱口秀 *hello*》	韩国
《花儿与少年远行记》	《花儿姐姐》	韩国
《偶像来了》	《英雄豪杰》	韩国
《我们来了》	《英雄豪杰》	韩国
《减出我人生第二季》	*The biggest loser*、《超级减肥王》	美国、中国
《喜剧班的春天》	《喜剧大联盟》	韩国
《花儿与少年》	《花样姐姐》	韩国
《神奇的孩子》	《英才发掘团》	韩国
《极限挑战第三季》	《无限挑战》	韩国
《我们来了第二季》	《英雄豪杰》	韩国
《谁是你的菜第三季》	《拜托了冰箱》	韩国
《真心英雄》	《无限挑战》	韩国
《挑战不可能第二季》	《最强大脑》	德国
《加油向未来》	*The Eureka Moment*	荷兰
《非凡搭档》	*Amazing Race*（国内有原版叫极速前进）	美国
《四大名助第二季》	《大民国脱口秀 *hello*》	韩国
《金曲捞》	《心肺复苏》	韩国
《向往的生活》	《三时三餐》	韩国
《极限挑战》	《无限挑战》	韩国
《我们十七岁》	《两天一夜》	韩国
《梦想改造家第三季》	《全能住宅改造王》	日本
《加油！美少女》	*Produce* 101	韩国
《噗通噗通的良心》	《绅士》、*What Would You Do*	韩国、美国
《报告教练》	《我的小区艺体能》	韩国
《中餐厅》	《尹食堂》	日本
《星球者联盟》	《爸爸去哪儿》	韩国
《你会怎么做》	《人类观察》	日本

续表

节目名称	模仿节目名称	模仿国别
《厨房的秘密》	《拜托了冰箱》、*The Chew*	韩国、美国
《极限挑战第二季》	《无限挑战》	韩国
《加油向未来第二季》	*The Eureka Moment*	荷兰
《星厨驾到第三季》	《厨艺大师 *Master Chef*》	美国
《出彩中国人第三季》	《达人秀》	英国
《谁是你的菜第二季》	《拜托了冰箱》	韩国
《极限勇士》	*American Ninja Warrior*	美国
《梦想改造家第四季》	《全能住宅改造王》	日本
《向上吧诗词》	《以一敌百》	荷兰
《蜜蜂少女队》	*Produce* 101	韩国
《中国式相亲》	*Meet the Parents*	英国
《非正式会谈第三季》	《非首脑会谈》	韩国
《我想和你唱》	*Fantastic Duo*	韩国
《喜剧班的春天第二季》	《喜剧大联盟》	韩国
《来吧冠军第二季》	《VS 岚》	日本
《挑战者联盟第三季》	*Running Man*	韩国
《我想和你唱第二季》	*Fantastic Duo*	韩国
《明星到我家》	《囍从天降》	韩国
《为你而来》	*Meet the Parents*、《中国式相亲》	英国、中国
《隐藏的歌手第二季》	*Hidden Singers*	韩国
《你好，菜鸟》	《今天开始上班》	韩国
《梦想的声音》	《神的声音》	韩国
《四大名助第三季》	《大民国脱口秀 *hello*》	韩国
《见字如面第二季》	*Letters Live*	英国
《王牌对王牌》	*Xman*	韩国
《天籁之战》	《神的声音》	韩国
《笑声传奇》	《寻笑人》	韩国

续表

节目名称	模仿节目名称	模仿国别
《欢乐喜剧人第三季》	《喜剧大联盟》	韩国
《跨界喜剧王》	《超级变变变》	日本

资料来源：笔者根据网络资料整理。

将模仿类节目纳入考察范围后，我们设置两个新的虚拟变量 mf_i 和 $yjmf_i$，如果节目 i 属于模仿类节目，则 $mf_i=1$，否则 $mf_i=0$；我们又把引进类和模仿类节目合并，设定一个变量 $yjmf_i$，如果节目 i 是引进类节目或者模仿类节目，则 $yjmf_i=1$，否则 $yjmf_i=0$；我们将这两个变量加入模型，得到模型 5 至模型 11（见表 6-6）。

表 6-6　因变量为节目首播之后四周点击量的对数

变量	模型 5	模型 6	模型 7	模型 8	变量	模型 9（剔除引进类）	模型 10（剔除原创类）	模型 11
yjmf	1. 29***	1. 29***	1. 08***	1. 08***	iy		0. 92**	2. 38***
ps	1. 37	1. 37**	1. 80**	1. 80***	mf	1. 05***		1. 17***
w	0. 65**	0. 65**	0. 49*	0. 49*	ps	1. 37**	0. 62	1. 33**
sy	0. 75**	0. 75**	−0. 04	−0. 04	w	0. 86**	0. 25	0. 67**
li	0. 18***	0. 18***	0. 17***	0. 17***	sy	0. 78**	0. 68*	0. 77***
其他变量	是	是	是	是	li	0. 17**	0. 17	0. 18***
引入年份变量	否	否	是	是	其他变量	有	有	有
_ cons	3. 73***	3. 73***	2. 63***	2. 63***	_ cons	3. 35***	7. 88***	3. 77***
R-squared	0. 34	0. 34	0. 43	0. 43	R-squared	0. 33	0. 33	0. 35
异方差稳健	否	是	否	是	样本量	274	138	341
样本量	341	341	341	341				

注：*、**、***分别表示在 1%、5%、10%的水平下显著。

资料来源：笔者自制。

我们可以得到如下结论：

一是在考虑模仿节目之后，yimf 变量依然显著为正，且与因变量电视点击量正向相关（模型 5 至模型 8），可以验证引进节目模式可以保证电视节目的收视率，即便是对国外电视节目的模仿，从整体上来说也与综艺节目的收视状况正向显著相关。二是正式引进模式版权的节目的点击率还是高于模仿类节目，但模仿类节目点击量高于原创；如模型 9 中剔除了正式引进类的节目，结果是 mf 显著为正，说明模仿类节目点击量超过纯原创节目；而模型 10 中剔除了原创类节目，发现 iy 显著为正，这说明正式引进模式类节目点击量高于模仿类节目。三是在控制了模仿类节目之后，引进模式版权对节目点击量的影响仍然显著为正，模型 11 中 iy 和 mf 都显著为正，但 iy 的系数大于 mf，这也再次验证了上一点中的结论。

（2）分年份子样本回归：引进模式对节目点击量影响依然显著但逐年下降。为进一步检验稳健性，我们分年份进行了子样本回归，结果如表 6-7 所示。

表 6-7　因变量为节目首播之后四周点击量的对数

变量	模型 12（2014 年）	模型 13（2015 年）	模型 14（2016 年）	模型 15（2017 年）
iy	2.64**	1.92***	1.52**	1.51***
ps	1.32	1.47	0.49	1.88***
w	-0.94	0.47	0.98*	0.11
sy	-0.45	-0.47	0.42	0.60
li	0.06	0.32**	-0.15	0.29***
其他变量	有	有	有	有
_cons	4.38	2.30	5.52***	5.50***
样本量	48	82	110	101

注：*、**、*** 分别表示在 1%、5%、10%的水平下显著。

资料来源：笔者自制。

在四个年份中，引进模式对节目点击量都产生显著正向影响，不过系数越来越小。2014 年，引进模式节目点击量比其他节目高 2.64%，但是到了 2017 年，则只高 1.51%，且逐年下降，说明引进模式虽然对节目点击量有显著影响且仍然会提高节目受关注程度，但是原创类节目与引进模式类节目的差距逐渐缩小，这与我们在现实中观察到的原创节目逐渐崛起的典型事实相符。

（3）分位数回归检验①。在进行描述性统计的过程中我们发现数据中确实存在着异常值，最小二乘法是条件意义下的均值，是对整体均值的回归方法，结果不够稳健。分位数回归可以估计不同条件下（即不同分位数水平下的不同参数值）因变量与自变量的关系，其对数据异常值的敏感程度要远小于最小二乘法，因而，其参数估计结果更为稳健。本书采用对面板数据分位数回归方法，分段检验回归结果的稳健性，选取的分位数为0.1~0.9的等差数，等差为0.1，分别对上述最小二乘回归结果检验。处于中低分位的节目中，引进模式对节目的收视有着显著的影响，在高分位水平的节目中，引进模式对节目收视的影响作用变弱。而对模仿节目，在处于中低分位的节目中，节目的模仿并不能与引进节目相抗衡，即无法通过模仿节目提升受欢迎度，而在高分位节目中，对引进节目的模仿可以显著提升节目的受欢迎度。总体上来看，在所取的9个分位点中，分位数回归结果与整体最小二乘法回归节目相一致，进一步验证了本书的结论。

（4）关于内生性的讨论。本书内生性可能源于选择性偏误，即往往是最受欢迎的节目模式才更可能被引进，模式引进方往往会以一个节目模式在其他国家和地区的受欢迎程度来决定是否引进该模式，虽然“引进模式”的行为总是发生在节目播出之前，但是依然存在根据节目播出成绩的预期来决定引进哪一种模式的可能性，而且这种可能性几乎总是存在的，也就是说，引进节目模式的行为本身就不是外生性的行为。对于此种内生性的可能，我们做出如下讨论：

第一，引进模式的行为是发生在节目在中国播出之前，即使模式在国外取得过好的成绩，也不能保证它在中国一定能取得成功。事实上，我们的样本当中，有不少在国外比较成功，但是在中国遭遇了“水土不服”。业界人士的感受也是如此，“十档引进模式最多火一档，多数沦为炮灰”②。所以，引进模式和节目受欢迎程度之间不存在反向因果关系。

第二，中国电视台引进节目模式的“随机性”很强，这是由中国各电视台竞相引进节目模式的背景决定的。电视节目模式的国际贸易在全球迅速发展是在21世纪之后，但是在2012年之前，中国电视台引进节目模式并非普遍现象；在2012年浙江卫视和灿星公司联合制作的荷兰节目模式

---

① 由于篇幅有限，分位数回归检验相关表格不在此处列出，如有兴趣，有关内容可以向笔者索要。

② 引进版权节目“热闹”背后：抢节目如抢名牌包，10档最多火1档［EB/OL］. 腾讯娱乐，http：//ent. qq. com/zt2013/guiquan/29. htm，2018-06-16.

The voice 的中国版《中国好声音》取得巨大成功之后，引进模式在中国开始出现“井喷”，而在之后的几年当中，中国大陆的各个电视台几乎引进了全部国外的节目模式。在 2013 年的戛纳电视节上，“中国的电视人几乎见什么买什么”“挡都挡不住”①。“中国的市场两年时间买完了韩国十年的节目模式”②。据统计，2013 年中国大陆电视台引进节目模式达到了 56 档；2014 年，中国电视台及视频网站播出海外模式节目达到 61 档③。到了 2015 年左右，就开始有各种媒体报道开始称中国已经将国外节目版权“买完了”“买无可买”④。这说明虽然引进模式的行为总要考虑节目模式之前的收视业绩，但是对于中国电视台来说，由于在短期内竞相引进大量的节目模式，因此很可能节目模式的收视纪录已经不再成为重要的考虑因素。中国大陆电视台之所以如此热衷甚至“盲目”地迅速引进如此大量的节目模式，据业内人士称有两个原因：一是“自己想不出来”，即国内创意能力不足；二是“广告主青睐”，即“广告商一旦听说这是引进欧美的哪个大模式，就会多关注一会儿。如果告诉他们是纯原创的，他们不仅不相信，还会说‘指不定山寨哪里的’”（刘熙晨，2015）⑤。总之，考虑到中国引进模式的阶段性特征，我们有理由认为引进模式是相对“随机”的行为。事实上，在我们的样本中，既有来自欧美国家、韩国的比较热门的节目模式，也有一些并不热门的节目模式，如旅游卫视引进泰国节目模式制作的《神探医生》、浙江卫视引进土耳其模式 *Keep Your Lights Shining* 制作的《我爱好声音》。

①⑤ 引进版权节目“热闹”背后：抢节目如抢名牌包，10 档最多火 1 档［EB/OL］. 腾讯娱乐，http：//ent. qq. com/zt2013/guiquan/29. htm，2018-06-16.

② 国际上的创新模式那么多，我们却难买到下一个现象级综艺［EB/OL］. 钛媒体，http：//www. tmtpost. com/1458694. html，2015-11-05.

③ 解密为何中国电视人热衷于引进海外模式［EB/OL］. 中国城市电视台技术协会网站，http：//www. ttacc. net/a/news/2015/0528/35697. html，2015-05-28.

④ 外国版权都要被买完了，中国原创综艺节目在哪？［EB/OL］. 和讯新闻网，http：//news. hexun. com/2015-06-16/176778369. html，2015-06-16；电视节目模式“买无所买”，我国本土原创在哪里？［EB/OL］. 人民网，http：//culture. people. com. cn/n/2015/0108/c172318-26347409. html，2015-01-08；中国综艺节目红火，引进模式已“弹尽粮绝”［EB/OL］. 中国新闻网，http：//www. chinanews. com/yl/2015/06-10/7335775. shtml，2015-06-10.

第四节　理论讨论及政策建议

1. 引进模式提升电视节目受欢迎程度的机制分析

引进节目模式本土化节目之所以有可能提高节目的点击率，主要在于它运用了通用于各种文化环境且已经受市场检验的国际化节目模式，又加入了本土化的文化内容，最大限度地结合了全球化和本土化的双重优势（见图 6-2）。

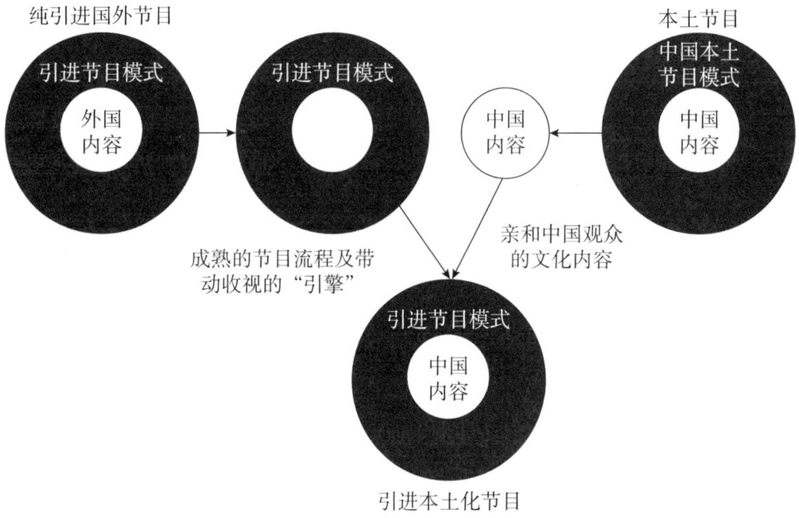

图 6-2　引进模式本土化节目结合了全球化和本土化的双重优势

资料来源：笔者自制。

（1）引进模式国际化“引擎”受到共同欢迎。引进节目模式抽离了国外节目成品中更适合某一文化背景的“文化特殊性”，且多是经过多年的研究积累，寻求人们较为共性的情绪点组合而来的，更易引起共鸣。节目模式中的“引擎”就是人们总结出来的可带动收视率的元素，如百万美元奖金、潜在冲突和囚徒困境、求救方式与豁免机会、异域或熟悉的地点、角斗士元素、表演性和真实性、家居翻修、DIY 与自我完善、家庭参与等（Keane，2007）。这些“引擎”成为很多综艺节目的核心要素，适合多种文化环境。

由于节目模式授权是一个规模经济效应明显的活动，对于专业从事节目模式制作并出口的公司来说，制作可以“跨越多种文化”的节目模式已成为它们的主要专业领域，节目模式适应面越广，模式出口收益越大。因此“克服文化特殊性”的节目模式已经成为决定其盈利水平的最重要因素，这促使国际化的节目模式越发不具备文化特殊性。

以《中国好声音》为例，节目引进自荷兰知名节目 *The Voice of Holland*，2010 年原版节目在荷兰的 RTL4 电视台首播。到目前为止，在世界范围内，共有至少 45 个国家购买了 *The Voice* 的版权，都获得了极大的成功，是节目模式成功出口的典型。*The Voice* 剥离了原创国荷兰的文化背景和意识形态，仅保留成熟完整的剧本大纲和产品说明书，在基本流程不变的情况下，使得《好声音》这档节目极具包容性和可扩展性。

（2）本土化内容降低文化折扣。传媒经济学大量研究表明，人们往往更喜欢观看本地生产或具有本地文化元素的影视节目，这被称为是文化折扣效应。引进节目模式加入本土化的内容，可以降低节目的文化折扣，更易受到本土观众的欢迎。

（3）节目模式具有作为文化产品消费的“网络外部性”。网络外部性又被称为“消费的规模经济效应”（Katz 和 Shapiro，1986），当下使用或者消费某种产品的消费者基数越大，该产品对消费者（观众）的吸引力就会越强。当人们发现自己所消费的产品同时在被更多人消费时，那么其从该产品消费中获得的效用会更高（Janeba，2007）。引进模式作为文化产品是具有满足网络外部性内在条件的。首先，引进模式具有“社交功能”，当前越来越多的电视人逐渐意识到传统电视的未来在很大程度上取决于对新兴媒体的接纳与融合。无论是《中国好声音》还是《我是歌手》，这些综艺节目的高收视率与社交网络关注度都是存在正向关系的（路俊卫、陈昕，2013）。其次，节目是存在搜索成本的，如果搜索成本比较高，那么，文化产品的消费者（观众）就会倾向于选择消费需求比较集中的节目（Burke，2011），这样可以降低观众搜索信息的成本。举例来说，如果在同一时间有多个引进节目正在被推出，那么观众会更容易选择那些观看需求集中的综艺节目。引进节目一经播出后广为流行，新加入的消费者（观众）可以节省逐个体验的时间成本或者金钱成本。此时，人们对某种文化产品的需求成为该产品现有消费者数量的增函数（罗立彬，2017）。最后，文化产品具有不完全替代性（Rosen，1981），综艺节目模式具有文化产品的此种性质，综艺节目在播出后会聚集稳定且大量的观众，在引进节目收视受众稳定的情况下，新的节目很难对已有节目进行完全替代。因此，引进节目的“网络外部性”也是其能够保持较高受欢迎度的原因之一。

2. 相关政策评论与建议

（1）节目制作单位引进国外模式版权是理性选择。电视节目制作本来固定成本投入就很高，规模经济效应非常明显。随着竞争日益激烈，节目制作所投入的固定成本越来越高，极大提升风险；本书研究表明，引进模式版权可以有效提升节目的受欢迎程度，这在很大程度上是节目制作单位的重要目标；引进模式版权节目点击量的变异系数也较少，说明波动较小。换言之，引进模式版权既可以提高节目受欢迎程度，也可以降低节目播出后失败的风险，因此引进模式版权是节目制作单位的理性选择。再深入讨论，国外节目模式的制作和授权也是一个规模经济效应十分明显的活动，模式定价在很大程度上取决于节目收入，甚至采取“分账式”定价模式，即使节目受欢迎程度提升后，模式版权的定价提高，节目制作方依然可从中受益；否则引进模式的行为也会自然停止。2016 年，中国灿星公司与荷兰版权方之间关于 *The Voice* 模式版权的争议可以说明这一点①。

（2）中国原创节目在不断成长。我们当前研究表明，2014~2017 年引进模式版权对节目点击率的提升作用在逐年减弱，说明原创模式节目在不断成长，其原因可能是引进模式带来的竞争与示范效应，也可能是因为 2014 年之后的一系列限制模式引进政策给原创模式节目的成长提供了空间，到底是哪一方面发挥了决定作用，仍需更深入研究。

（3）限制模式引进的政策目标至少没有完全达到，政策可能需要严格监管才能实现预期目标。从 2014 年 10 月开始，国家新闻出版广电总局先后三次发出通知，对于境外模式引进行为进行限制，具体包括限制境外模式引进数量及播出时间。笔者曾经预测这些政策将导致“模仿国外模式”的现象出现（参见本书第五章），目前看这种现象已经发生。本书所采用的 341 个样本综艺节目中，有 71 个有“模仿”境外节目模式的嫌疑，占非引进模式类节目总数的 25.91%。它们或者受到了国外版权方的直接控诉，或者被网友直接将模仿截图或描述性证据放在网上。2014~2017 年，这类节目数量分别为 4 个、12 个、28 个、27 个，占当年非引进类节目比重分别为 12.5%、24%、48.28%和 42.86%，至少从表面上看，比重变化规律与 2016 年限制引进模式的“最严格政策”出台的时间高度相关。可

① 罗立彬．电视节目模式由引进到原创：理论与案例分析［J］．中国文化产业评论，2016（1）：311-324.

以肯定的是，当年《关于大力推动广播电视节目自主创新工作的通知》所要求的“各广播电视机构要增强知识产权意识，遵守法律规定和市场规则，防止抄袭模仿、侵权盗版”的政策目标，不仅没有达到，而且在监管不够的情况下，甚至可能在事实上使各电视台抄袭和模仿境外节目模式的行为更加严重。2012 年后，中国电视台高度融入电视节目模式国际贸易活动中，大量引进国外节目模式，不仅为国内节目模式由引进到原创带来了好的机制，也为国内模式知识产权保护环境的培育和水平的提升提供了好的条件（罗立彬，2016），但是随着政府对于引进境外模式行为的限制，中国电视节目模式知识产权保护的环境遭遇挫折，中国电视节目在一定程度上又回到了十几年前的“山寨国外模式”阶段。这部分的启示在于，政策实施可能配合严格的监管才能完全达到目标。

第七章 引进节目模式与中国电视节目多样性[①]

本章运用2012~2016年九大电视台的节目播出数据，通过计算HHI指数、水平多样化指数和市场集中度指数，实证分析了中国电视节目多样化的发展趋势，并讨论了其与引进节目模式的关系。我们并未发现引进节目模式导致中国电视节目同质化的证据，相反很多引进节目模式带来了新的节目类型，在很大程度上促进了中国综艺节目的多样化。本章对引进模式带来节目多样化的机理进行了理论解释，认为模式国际贸易带来节目模式与内容在国际范围内分工发展，使“差异性”成为独立目标，解决了模式创新被“搭便车”的问题；模式国际贸易的出现改变了节目制作规模经济发生的条件，小制作节目也可能通过模式贸易在世界各地获取更多收入，并积累成一个可以支撑模式研究成本的收入水平，使创新和差异性在世界各地“点式”出现，并最终导致专门以“模式创新”为目标的大型集团出现；“模式国际授权”促使研发方必须要在国际范围内推广差异性（Keane，2007），使差异化不仅在原创国实现，也推广到模式引进国；模式国际贸易的实践促进“模式版权保护机制”被推广到各国，帮助模式引进国逐步形成知识产权保护的需求和环境，使“差异化”创新具备更好、更稳定的制度环境。

第一节　问题的提出

进入21世纪以来，电视节目模式[②]国际贸易迅速发展，成为电视节目产业乃至文化产业领域引人注目的重要现象。电视节目模式国际贸易额大大

① 本章内容发表于《文化产业研究》（第22辑），南京大学出版社，2019年9月，作者为罗立彬、李天昊和王牧馨，后两位作者分别为北京第二外国语学院经济学院国际商务和国际经济与贸易专业硕士研究生。

② 为表述简单，本书其余部分将“电视节目模式”简称为“模式”。

增加，出现了专门的国际交易市场和版权保护机构，成功模式的影响范围和流动速度加快，全球化周期缩短，参与模式贸易的国家和地区越来越多，更多国家和地区成为出口方，参与贸易的模式种类也不断增加。电视节目模式国际贸易的发展对于全球电视节目产业产生了深远的影响（罗立彬，2016）。

2012 年以来，中国电视节目产业也融入了“全球化”浪潮当中，到 2014 年之前，中国引进国外节目模式的数量不断增加，据不完全统计，中国在 2002~2005 年引进了 4 个模式，2006~2009 年增长为 10 个，而 2010 年以来引进了近 40 个模式（殷乐，2014），引进模式极大地激发了中国电视节目市场，2014 年中国晚间栏目收视率总排名前 20 位当中，绝大多数都是模式引进类节目，排名前五的节目有四档为引进节目。引进电视节目模式提高了中国综艺节目受关注以及受欢迎的程度，某些引进模式本土化的节目迅速成为“现象级”节目[①]。据统计，2015 年现象级综艺节目包括《中国好声音第四季》《奔跑吧兄弟第二季》《爸爸去哪儿第三季》以及《极限挑战》等（叶立，2017），其中前三个都是引进模式本土化的节目，第四个《极限挑战》虽不是引进模式，但有不少“模仿”的嫌疑和证据[②]。“现象级”节目直接带动了综艺节目的收视比重，也带动了中国电视节目的出口（罗立彬，2017）。

同时，相关的争议和担忧也逐渐出现并不断强化，其中一个重要的担忧就是它导致节目形式重复（殷乐，2014；袁靖华和邢瀚元，2014）和综艺节目同质化（张善庆，2012；陈珂，2013；王琴，2013；武婉玉，2015）。这种担忧在相关部门的政策中也有体现，并实质性地体现为对境外节目模式引进的限制性政策。如 2013 年 10 月，国家广电总局规定“每家卫视每年新引进的国外版权模式节目不得超过一档”；2016 年 6 月又发布《关于大力推动广播电视节目自主创新工作的通知》，规定“各电视上星综合频道每年在 19：30—22：30 开播的引进境外版权模式节目，不得超过两档。每个上星综合频道每年新播出的引进境外版权节目不得超过一档，第一年不得在 19：30—22：30 之间播出”。2017 年 8 月又下发《关于把电视上星综合频道办成讲导向、有文化的传播平台的通知》，指出“总局倡导鼓励制作播出具有中华文化特色的自主原创节目，原则上黄金时段不再播出引进境外模式的节目”。这些限制性政策的一个重要目的，就是

① 所谓现象级节目，是指在短期内迅速爆红而广为人知，并产生一定社会影响力的电视节目。业界对现象级综艺节目普遍认可的硬性标准是每期节目制作成本至少 300 万元；全国网收视率超过 2%；节目创造的综合价值在亿元以上。

② 本书后面部分对模仿或抄袭的判断标准进行了更细致的描述。

要防止节目“同质化”。2016年6月的《关于大力推动广播电视节目自主创新工作的通知》明确强调要“开发多样态、差异化的电视节目”；“同一档真人秀节目，原则上一年内只播出一季”；“娱乐类节目要注意不得过度安排重排”。可见政策规定暗含着“引进节目模式导致节目同质化”的假设。

也有部分学者认为节目模式引进使中国综艺节目更加多样化。如邢雪（2013）认为模式引进可使各大电视台节约研发成本并缩短创作时间。吴坤埔（2014）指出，引入和改进国外节目模式激发并提高了我国综艺节目的创新力。蒋晴（2015）认为节目模式引进呈现多元化特征，使真人秀节目也出现了旅游类、汽车类、亲子类、婚恋类、夫妻类、竞技类等多种类型。国外也有学者对电视节目模式的相关影响进行评论，但观点也不一致，如Jameson（2000）认为节目模式是新一轮文化的“往下笨”（Dumbing Down）现象，即它使电视节目的“文化性”进一步降低了。Keane（2008）认为，中国文化产业创新分为五个层级，从低到高分别为低成本制作、模仿、联合制作与模式引进、东亚创意经济、产业集群。笔者认为从第三个层级开始才是真正的创新行为，从而肯定了模式引进是创新行为。

可见，虽然对引进节目模式的限制政策似乎在认同引进模式导致节目同质化的观点，但是在学术界对这一观点还远未达成共识，其中一个重要原因是尚未针对这一问题进行实证分析和测度，对于同质化或多样化的标准，也没有明确统一，多数是通过感性观察或典型事实做判断，具有较明显的主观性。这导致同一事实有时成为不同论点的论据，无法分辨孰是孰非。例如，不同研究以同一节目或同一类节目作为案例，但有的重点关注其引进部分，就得出创新不足的结论，有的则关注其本土化部分，得出其具有创新性的结论。本书期望做出的贡献是，对这一问题进行实证分析，再对其影响机理进行理论探讨，并对相关政策进行评论和效果评价。

第二节　引进模式是否导致中国综艺节目多样化：实证分析

一、样本选取和数据说明

1. 样本来源

本书数据来源是看电视网站（Kandianshi. com）上的电视节目播出表，

该网站的口号是做中国最好的电视节目预告网站，上面有从 2011 年 6 月中旬以来全国几十个电视频道的节目播出时间表，不仅有节目名称，还有各节目的时长，非常适合本书研究的需要。

我们在 2011~2015 年收视份额排名前 15 位的电视台中，剔除不播放综艺节目的电视台①，将余下的 9 家电视频道作为研究样本（见表 7-1），包括 CCTV-1、CCTV-3、湖南卫视、浙江卫视、上海东方卫视、江苏卫视、北京卫视、安徽卫视、山东卫视，它们在 2011~2015 年间在全国的收视份额为 22.7%~24.2%。

表 7-1　2011~2015 年样本电视台市场份额　　单位：%

电视台	2011 年	2012 年	2013 年	2014 年	2015 年	平均
CCTV-1	5.9	5.5	5.6	5.8	5.0	5.6
湖南卫视	3.9	3.4	4.1	3.9	4.3	3.9
CCTV-3	3.1	2.9	3.2	2.8	2.8	3.0
江苏卫视	2.5	3.0	2.7	2.5	2.1	2.6
浙江卫视	2.1	2.1	2.1	2.1	2.7	2.2
安徽卫视	2.2	2.0	1.9	1.7	1.6	1.9
山东卫视	1.5	2.1	1.7	2.2	1.7	1.8
北京卫视	1.5	1.4	1.5	1.7	1.8	1.6
上海东方卫视	—	1.6	1.4	1.5	1.8	1.6
总计	22.7	24	24.2	24.2	23.8	24.2

资料来源：徐立军. 中国电视收视年鉴（2016）[M]. 北京：中国传媒大学出版社，2016.

综合考虑数据可得性、完整性和可比性，我们选择 2012~2016 年的电视节目数据作为抽样范围，抽取每个月第一周作为具体研究样本，共计 60 周，420 天。

根据《中国电视收视年鉴》对 2012~2014 年全国样本城市观众全天收视率走势的分析（见图 7-1），收视率的高峰在每晚 9：00 左右，考虑每晚 19：00—19：30 播放新闻联播，与研究的综艺节目并不相关，且综艺节目大部分于晚间播放，本书将样本时间段定义为每晚 19：30—24：00。

① 包括中央电视台四套中文国际频道、中央台五套体育频道、中央台六套电影频道、中央台八套电视剧频道、中央电视台新闻频道、中央电视台少儿频道。

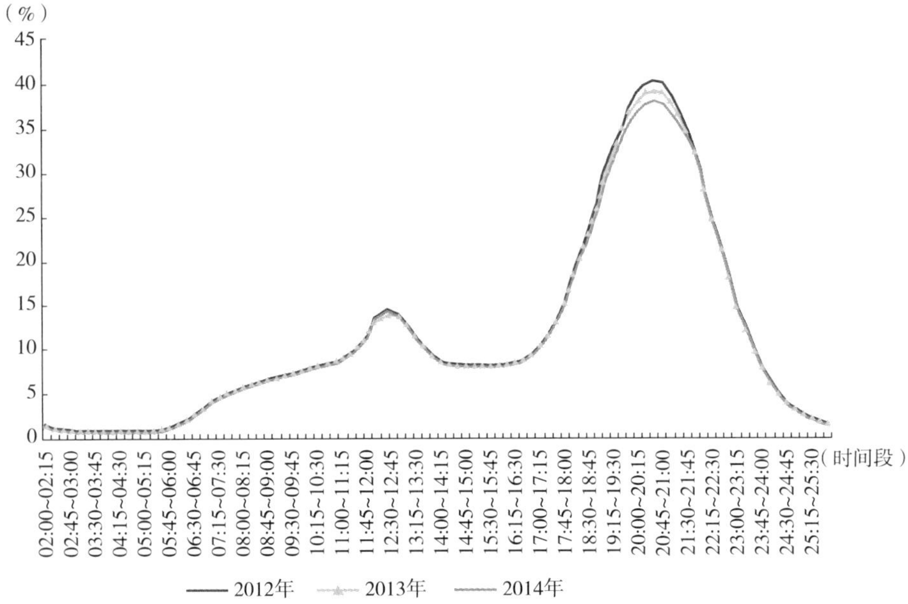

图 7-1　2012~2014 年全国样本城市观众全天收视率走势

资料来源：陈若愚．中国电视收视年鉴（2015）［M］．北京：中国传媒大学出版社，2015.

2. 综艺节目分类

我们对研究涉及的综艺节目逐一进行百度百科搜索，借鉴了其中部分百科定义中的节目类别，并且综合考虑了该节目在优酷、腾讯、爱奇艺等各大视频网站的类别名称，结合《2016 年 10 大卫视综艺节目最全分类汇总》进行类别整合，得出本书的三级分类标准。一级分类有四类：电视剧、新闻、综艺、其他；二级、三级分类在综艺节目下再进行细分，形成二级分类 26 种、三级分类 59 种。具体分类情况如表 7-2 所示。

表 7-2　节目分类标准和示例

二级分类	三级分类	节目示例
1. 真人秀	游戏任务	《奔跑吧》
	生活体验	《这就是生活》
	情景设定	《头号惊喜》

续表

二级分类	三级分类	节目示例
1. 真人秀	纪录片	《跟着贝尔去冒险》
	旅行	《花儿与少年》
	音乐	《唱游天下》
	亲子	《爸爸去哪儿》
	美食	《十二道锋味》
	情感	《妈妈的牵挂》
	圆梦	《机会来了》
	挑战	《星球者联盟》
	军警	《警察特训营》
2. 文化	艺术收藏	《天下收藏》
	文化学习	《你好！历史君》
	文化评论	《文化正午》
	知识比拼	《汉语桥》
3. 生活服务	生活百科	《百科全说》
	健康医疗	《超级诊疗室》
	健身减肥	《燃烧吧！卡路里》
	家装	《暖暖的新家》
	育儿	《育儿》
4. 才艺表演	才艺选秀	《星光大道》
	才艺比拼	《掌声响起来》
	节目表演	《有朋远方来》
	才艺展示	《传承者》
5. 游戏	益智游戏	《争分夺秒》
	游戏互动	《快乐大本营》
	游戏闯关	《智勇大冲关》
6. 音乐	音乐选秀	《中国好歌曲》
	演唱表演	《中国民歌大会》
	演唱比赛	《梦想星搭档》

续表

二级分类	三级分类	节目示例
7. 情感	交友	《我们约会吧》
	亲情	《妈妈听我说》
	矛盾沟通	《四大名助》
	心理疏导	《完美释放》
8. 舞蹈	舞蹈选秀	《舞林斗秀场》
	舞蹈比赛	《中国好舞蹈》
9. 竞赛竞技	科学竞赛	《最强大脑》
	体育竞技	《星跳水立方》
10. 公益	公益寻人	《等着我》
	爱心帮助	《小善大爱》
11. 职业	创新创业	《赢在中国》
	求职	《职来职往》
12. 晚会	节庆晚会	《英雄丰碑清明颂》
	专题晚会	《五月的鲜花》
13. 益智答题	—	《一站到底》
14. 曲艺杂技	—	《梨园闯关我挂帅》
15. 励志挑战	—	《挑战不可能》
16. 节庆特别节目	—	《我要上春晚》
17. 精品节目展播	—	《综艺喜乐汇》
18. 探索调查	—	《撒贝宁时间》
19. 衍生节目	—	《加速进行时》
20. 脱口秀	—	《壹周立波秀》
21. 美食类	—	《中国味道》
22. 养成类	—	《青春练习生》
23. 喜剧	—	《一起来笑吧》
24. 访谈	—	《杨澜访谈录》
25. 演讲	—	《开讲啦》
26. 时尚	—	《美丽俏佳人》

二、节目多样性测度指标设计

本书用 Shu-Chu Sarrina Li 和 Chin-Chih Chiang（2001）中“垂直多样性”和“水平多样性”双维度指标，以及常用来测度市场集中度的 CR8 来测度节目多样性。垂直多样性测度特定时段内所有样本频道所提供的节目类型的多样性，采用赫芬达尔—赫希曼指数（HHI）来测量，具体计算方法见式（7-1）：

$$HHI = \sum_{i=1}^{n} MS_i^2 \qquad (7-1)$$

含义是将 n 种类型节目中各种节目类型 i 的播出份额（MS_i）平方后再加总。HHI 值越高，说明节目类型多样性越低；反之，说明节目类型多样性越高。

水平多样性指每一时段观众可选择的不同节目类型数量。我们以每半小时为一单位时段，计算各时段共有多少不同节目类型，再将该数字加总，最后再除以总时段数。本书研究的黄金时间段为 19：30—24：00，共 9 个时段。表 7-3 展示了二级、三级分类水平多样性的计算过程，以 2012 年 1 月 2~3 日为例，2012 年 1 月 2 日 19：30—20：00，观众在 9 个电视台之间切换，只能看到 1 种综艺节目类别，在 20：00—20：30 可以看到两种综艺节目类别，以此类推。本书的抽样调查选取 2012—2016 年每月的第一周作为研究对象，共需要观察 420 天，3780 个时段当中的节目类型数。

CR8 一般指行业前 8 名企业市场份额的总和占整个市场的比例，CR8 越大，表明市场集中度越高，即节目多样性越小；反之，节目多样性越大。

三、电视节目多样性分析结果

根据“看电视”网站的原数据，首先将 2012~2016 年 9 个电视频道每天 19：30—24：00 时间段所播放的电视节目进行一级、二级和三级分类标记，再统计 9 个电视台 5 年的每个节目类别在研究时段内的播放时长，并据此分别计算出 2012~2016 年中国电视节目多样性情况，如表 7-4 所示。

表 7-3　二级、三级分类水平多样性计算过程示例

日期	时间段	二级分类	三级分类
2012年1月2日	19:30—20:00	1	1
2012年1月2日	20:00—20:30	2	2
2012年1月2日	20:30—21:00	1	1
2012年1月2日	21:00—21:30	3	3
2012年1月2日	22:00—22:30	1	1
2012年1月2日	22:30—23:00	0	0
2012年1月2日	23:30—00:00	3	3
2012年1月2日	21:30—22:00	2	2
2012年1月2日	23:00—23:30	1	1
2012年1月3日	19:30—20:00	1	1
2012年1月3日	20:00—20:30	1	1
2012年1月3日	20:30—21:00	1	1
2012年1月3日	21:00—21:30	2	2
2012年1月3日	22:00—22:30	2	2
2012年1月3日	22:30—23:00	0	0
2012年1月3日	23:30—00:00	4	4
2012年1月3日	21:30—22:00	2	2
2012年1月3日	23:00—23:30	1	1

资料来源：笔者自制。

表 7-4　2012~2016 年中国电视节目多样性情况

年份	垂直多样性指数（HHI 指数）			水平多样性指数		CR8	
	一级分类	二级分类	三级分类	二级分类	三级分类	二级分类（%）	三级分类（%）
2012	0. 343	0. 097	0. 080	1. 49	1. 53	80. 17	68. 82
2013	0. 372	0. 099	0. 072	1. 63	1. 69	77. 96	64. 13
2014	0. 378	0. 087	0. 057	1. 50	1. 54	74. 97	57. 50
2015	0. 398	0. 086	0. 038	1. 85	1. 93	69. 85	42. 96
2016	0. 409	0. 083	0. 033	1. 79	1. 87	64. 55	40. 53

资料来源：笔者自制。

1. 从一级分类看，中国电视节目多样性在下降

根据一级分类计算得出的 HHI 指数呈现逐年递增状态，从 2012 年的 0.343 上升到 2016 年的 0.409，说明从一级分类看，节目多样性在递减。稍微仔细观察可以看到，节目多样性递减的原因在于综艺节目份额的逐年递增。由图 7-2 可知，样本中综艺节目的播出份额从 2012 年的 40.40%逐年递增到 2016 年的 51.23%，这是导致 HHI 指数上升的根本原因。根据《中国电视收视年鉴》的数据，2012~2016 年，全国样本城市市场综艺节目播出份额分别为 6.5%、6.4%、6.1%、5.9%、6.1%，整体呈现平稳下降趋势，这与本书样本统计的结果不同，由于本书样本只统计晚间黄金时间的节目播出情况，因此可能说明综艺节目多集中在晚间黄金时间播放。

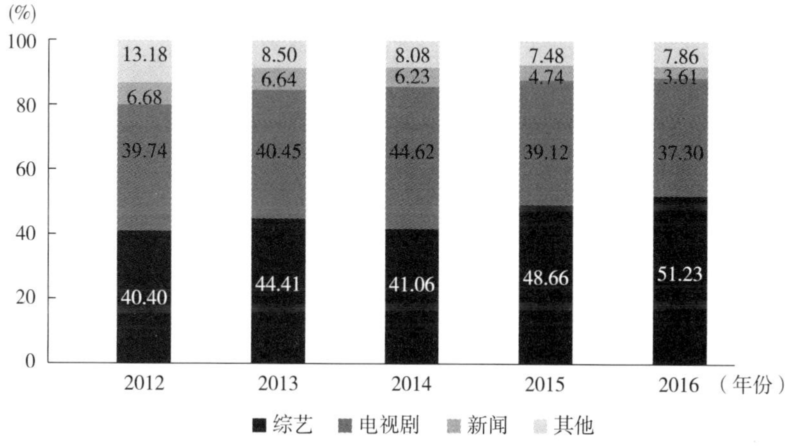

图 7-2　2012~2016 年一级分类节目市场份额

资料来源：笔者自制。

2. 从二级分类和三级分类层面看，无论是垂直多样性指数（HHI 指数），还是水平多样性指数以及 CR8 指数都表明电视节目多样性在提高

垂直多样性指数方面，二级分类的 HHI 指数从 0.097 下降到 0.083，CR8 从 80.17%下降到 64.55%；三级分类的 HHI 指数从 0.080 下降到 0.033，CR8 从 68.82%下降到 40.53%。水平多样性指数方面，二级分类从 1.49 提高到 1.79，说明观众在每半小时时段时，平均可以看到的节目二级分类数从 1.49 个提高到了 1.79 个；三级分类方面则从 1.53 提高到 1.87。整体而言，从三级分类角度看，节目多样性提升得更快一些。

四、节目多样性提升与引进节目模式的关系分析

下面我们以 HHI 指数为例，分析节目多样性提升的原因。从 HHI 指数下降所显示的节目多样性上升来看，节目多样性的增加可归结为两个原因：一是出现了之前未有的新节目类型；二是以往播出份额较低的节目类型的播出份额上升了，使各节目类型的播出份额越来越平均。笔者设计如图 7-3 所示的方法来帮助观察每年使节目多样性（HHI）指数下降的原因。图 7-3 是将 2012 年和 2013 年的各类节目市场份额进行对比，左侧线 X＝0. 0169 代表各类节目播出份额平均值，45 度线上的点代表在 2012 年和 2013 年的播出份额相同的节目类型，45 度线上方的点代表该节目类别的播出比重在 2013 年超过了其在 2012 年的比重，而当这些点在 2012 年又低于年平均市场份额 0. 0169 时，那么它们就会使节目分配得更加均匀。故本节研究的点在 Y 轴，X＝0. 0169 线及 45 度对角线组成的区域，我们将此区域内的点分成两类：一类是 Y 轴上的点，代表 2012 年不存在而 2013 年新出现的节目类型，我们称其为 A 类点；另一类是非新增节目类型，在 2012 年市场份额小于平均值且比重在 2013 年大于 2012 年的点称为 B 类点。用同样的方法，我们也可以绘制其他年份的图并做出类似的分类和分析。

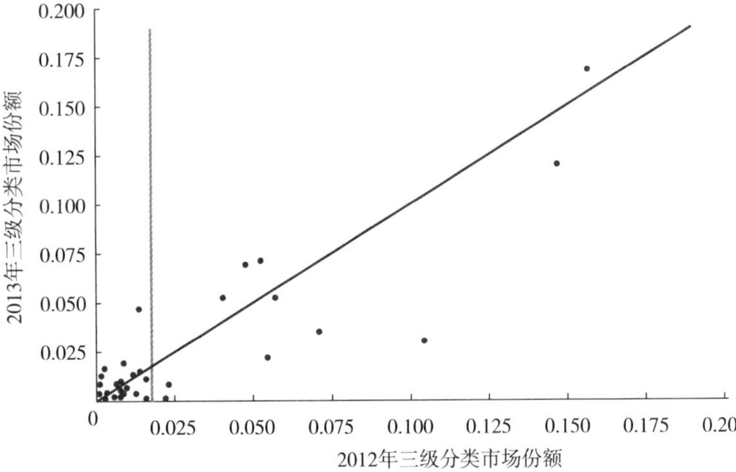

图 7-3　2012 年和 2013 年各节目类型的播出份额

资料来源：笔者计算并制作。

通过这种方法，我们分别找到了 2013~2016 年，样本中每年中的 A 类点和 B 类点，并分析了其与引进节目模式之间的关系。如表 7-5 和表 7-6 所示。

表 7-5　2013~2016 年新增节目类别（A 类）及其引进情况

年份	新增节目类别	节目名称	节目时长（分钟）	是否引进/海外团队参与/疑似模仿	播出份额（含模仿）	播出份额（不含模仿）	真人秀节目份额
2013	文化——知识比拼	《汉语桥》	120	否	35.85%	35.85%	40.64%
	游戏——益智游戏	《开门大吉》	323	是			
		《争分夺秒》	180	否			
	真人秀——亲子	《爸爸去哪儿》	780	是			
		《人生第一次》	221	是			
	真人秀——纪录片	《男声学院》	500	否			
	职业——创新创业	《赢在中国》	882	否			
		《梦想直达》	122	否			
	养成类	《中国星力量》	455	否			
	生活服务——健康医疗	《我是大医生》	110	否			
2014	真人秀——生活体验	《防务精英之星兵报到》	286	否	41.18%	28.57%	66.04%
		《变形计》	2217	否			
		《花样年华》	774	否			
		《明星到我家》	1036	模仿			
		《这就是生活》	165	否			
	真人秀——游戏任务	《两天一夜》	160	是			
		《奔跑吧兄弟》	1345	是			
		《星星的密室》	774	是			
	职业——求职	《职来职往》	1854	否			
	竞赛竞技——科学竞赛	《最强大脑》	1230	是			
	真人秀——美食	《十二道锋味》	973	否			
	情感——亲情	《爸爸回答吧》	220	否			
		《宝贝大猜想》	74	否			
		《妈妈听我说》	487	否			

续表

年份	新增节目类别	节目名称	节目时长（分钟）	是否引进/海外团队参与/疑似模仿	播出份额（含模仿）	播出份额（不含模仿）	真人秀节目份额
2014	真人秀——旅行	《花样爷爷》	272	是	41.18%	28.57%	66.04%
		《花儿与少年》	362	模仿			
	真人秀——圆梦	《私人订制》	375	否			
	公益——公益寻人	《等着我》	300	否			
	生活服务——家装	《梦想改造家》	270	模仿			
	生活服务——育儿	《加油好 baby》	59	否			
2015	真人秀——情感	《牵手爱情村》	668	否	33.82%	33.82%	64.35%
		《一路上有你》	560	是			
		《出发吧爱情》	444	否			
		《远方的爸爸》	161	否			
		《我们相爱吧》	919	是			
		《女婿上门了》	475	否			
	真人秀——情景设定	《原来是你》	142	否			
		《好运属于你》	854	否			
	养成类	《青春练习生》	343	否			
		《燃烧吧少年》	254	否			
		《星动亚洲》	959	是			
		《青春星主播》	155	否			
	生活服务——生活百科	《恋家有方》	143	否			
		《最佳选择》	536	否			
	真人秀——音乐	《唱游天下》	185	否			
		《为你而歌》	231	否			
	才艺表演——才艺展示	《传承者》	180	否			

续表

年份	新增节目类别	节目名称	节目时长（分钟）	是否引进/海外团队参与/疑似模仿	播出份额（含模仿）	播出份额（不含模仿）	真人秀节目份额
2016	真人秀——挑战	《千面英雄》	93	否	74.24%	26.92%	66.01%
		《非凡搭档》	807	模仿			
		《我们的法则》	880	是			
		《星球者联盟》	168	模仿			
	生活服务——健身减肥	《减出我人生》	572	模仿			
		《闪电大作战》	278	否			
		《燃烧吧！卡路里》	122	否			
	真人秀——军警	《谁是终极英雄》	150	否			
		《警察特训营》	60	否			
	公益——爱心帮助	《我们在一起》	139	否			

资料来源：笔者自制。

表 7-6 2012~2016 年新增节目类别（B 类）及其引进情况（含模仿）

	2012 年			2013 年		
节目类别	节目名称	节目时长（分钟）	是否引进/疑似模仿/海外参与制作	节目名称	节目时长（分钟）	是否引进/疑似模仿/海外参与制作
音乐——音乐选秀	《中国好声音》	863	是	《中国好声音》	4639	是
	《天籁之声》	660	否	《中国最强音》	515	是
				《快乐男声》	240	否
舞蹈——舞蹈选秀	《舞蹈世界》	477	否	《舞蹈世界》	355	否
	《舞动好声音》	456	否	《奇舞飞扬》	1855	否
文化——艺术收藏	《寻宝》	55	否	《寻宝》	560	否
	《天下收藏》	781	否	《天下收藏》	495	否

续表

	2012年			2013年		
节目类别	节目名称	节目时长（分钟）	是否引进/疑似模仿/海外参与制作	节目名称	节目时长（分钟）	是否引进/疑似模仿/海外参与制作
文化——文化学习	《天天向上》	1100	否	《天天向上》	1320	否
	《人文深呼吸》	173	否	《人文深呼吸》	133	否
				《华少爱读书》	51	否
竞赛竞技——体育竞技	《世界大力士中国争霸赛》	123	否	《世界大力士中国争霸赛》	169	否
				《中国星跳跃》	1025	是
				《星跳水立方》	285	是
晚会——节庆晚会	《元宵晚会》	1375	否	《春节联欢晚会》	6918	否
	《五一劳动节文艺晚会 》	100	否	《三八妇女节文艺晚会》	90	否
	《国庆节文艺晚会》	222	否			
	《春节联欢晚会》	202	否			
曲艺杂技	《梨园闯关我挂帅》	66	否	《我爱满堂彩》	990	否
	《我爱满堂彩》	630	否			
	《梨园春》	55	否			
演讲	《开讲啦》	250	否	《开讲啦》	1468	否
探索调查	《1001个真相》	315	否	《撒贝宁时间》	478	否
美食类	《顶级厨师》	630	是	《爽食行天下》	814	否
	《爽食行天下》	972	否	《我爱中国味》	386	否
				《顶级厨师》	630	是

	2013 年			2014 年		
节目类别	节目名称	节目时长（分钟）	是否引进/疑似模仿/海外参与制作	节目名称	节目时长（分钟）	是否引进/疑似模仿/海外参与制作
文化——艺术收藏	《寻宝》	560	否	《寻宝》	1196	否
	《天下收藏》	495	否	《天下收藏》	362	否
文化——文化学习	《天天向上》	1320	否	《天天向上》	1990	否
	《人文深呼吸》	133	否	《人文深呼吸》	77	否
	《华少爱读书》	51	否	《华少爱读书》	106	否
文化——知识比拼	《中国汉字听写大会》	224	否	《中国成语大会》	443	否
	《汉语桥》	120	否	《中国汉字听写大会》	339	否
				《汉语桥》	201	否
舞蹈——舞蹈比赛	《舞出我人生》	348	是	《我爱记歌词》	726	否
	《舞林争霸》	288	是			
真人秀——亲子	《爸爸去哪儿》	780	是	《爸爸去哪儿》	640	是
	《人生第一次》	221	是	《人生第一次》	364	是
				《爸爸回来了》	1547	是
真人秀——纪录片	《男声学院》	885	否	《客从何处来》	116	否
				《一年级》	240	否
				《因为是医生》	165	否
				《超级女兵》	378	否
				《生命缘 》	161	否
才艺表演——才艺选秀	《星光大道》	3334	否	《星光大道》	4536	否
	《非常 6+1》	2054	否	《非常 6+1》	1349	否
	《黄金 100 秒》	1170	否	《黄金 100 秒》	1975	否
	《我不是明星》	748	否	《我不是明星》	3617	否
	《中国达人秀》	470	是	《中国达人秀》	837	是

续表

	2013 年			2014 年		
节目类别	节目名称	节目时长（分钟）	是否引进/疑似模仿/海外参与制作	节目名称	节目时长（分钟）	是否引进/疑似模仿/海外参与制作
演讲	《开讲啦》	1468	否	《开讲啦》	905	否
	《超级演说家》	416	否	《超级演说家》	436	否
				《我是演说家》	567	否
美食类	《爽食行天下》	814	否	《中国味道》	133	否
	《我爱中国味》	386	否	《爽食行天下》	299	否
	《顶级厨师》	630	是	《星厨驾到》	513	是
				《我爱中国味》	1198	否
				《菜单的秘密 》	90	否
				《今天谁买单 》	82	否
衍生节目	《探秘星跳跃》	50	否	《开讲大时代》	60	否
				《探秘星跳跃》	28	否
				《真声音》	44	否
				《跑男来了》	26	否
	2014 年			2015 年		
节目类别	节目名称	节目时长（分钟）	是否引进/疑似模仿/海外参与制作	节目名称	节目时长（分钟）	是否引进/疑似模仿/海外参与制作
晚会——专题晚会	《全国大学生主题文艺活动》	106	否	《全国大学生主题文艺活动》	206	否
	《湖北十堰心连心——慰问演出》	87	否	《湖北十堰心连心——慰问演出》	118	否
	《第九届电视观众节主题晚会》	179	否	《湖北十堰心连心——慰问演出》	105	否
				《“心连心”艺术团赴福建古田慰问》	86	否

续表

	2014年			2015年		
节目类别	节目名称	节目时长（分钟）	是否引进/疑似模仿/海外参与制作	节目名称	节目时长（分钟）	是否引进/疑似模仿/海外参与制作
生活服务——育儿	《加油好 baby》	59	否	《加油好 baby》	518	否
				《超级育儿师》	298	是
游戏——游戏互动	《快乐大本营》	1215	否	《快乐大本营》	1215	否
游戏——游戏闯关	《亲爱的加油》	350	否	《全能极限王》	276	否
	《男生女生向前冲》	152	否	《极限勇士》	436	是
				《我爱桃花源》	213	否
				《男生女生闯天涯》	143	否
				《男生女生向前冲》	87	否
				《全是你的》	2953	否
游戏——益智游戏	《开门大吉》	1622	是	《开门大吉》	2672	是
音乐——演唱表演	《回声嘹亮》	1437	否	《回声嘹亮》	2281	否
	《中国梦之声》	1385	是	《音乐大师课》	836	否
	《谁是大擂主》	172	否	《歌手是谁》	745	否
				《中国之星》	203	否
真人秀——美食	《十二道锋味》	973	否	《美味星婆媳》	170	否
				《十二道锋味》	951	否
				《今天吃什么》	110	否
情感——矛盾沟通	《盛女大作战》	85	否	《万万看不懂》	37	否
				《两代会议厅》	207	否
真人秀——旅行	《花儿与少年》	362	是	《花儿与少年》	420	是
	《花样爷爷》	2142	是	《前往世界的尽头》	452	否
				《花样姐姐》	864	是

续表

	2014 年			2015 年		
节目类别	节目名称	节目时长（分钟）	是否引进/疑似模仿/海外参与制作	节目名称	节目时长（分钟）	是否引进/疑似模仿/海外参与制作
竞赛竞技——科学竞赛	《最强大脑》	1230	是	《最强大脑》	1936	是
生活服务——健康医疗	《我是大医生》	1185	否	《我是大医生》	1683	否
	《X 诊所》	180	否	《X 诊所》	420	否
				《超级诊疗室 》	220	否
生活服务——家装	《梦想改造家》	270	是	《梦想改造家》	211	是
				《暖暖的新家》	378	否
真人秀——纪录片	《客从何处来》	116	否	《客从何处来》	193	否
	《一年级》	240	否	《一年级》	480	否
	《因为是医生》	165	否	《因为是医生》	226	否
	《超级女兵》	378	否	《急诊室故事》	352	否
	《生命缘》	161	否	《跟着贝尔去冒险》	75	是
				《生命缘第三季》	444	否
公益——公益寻人	《等着我》	300	否	《等着我》	1395	否
				《我要找到你》	311	否
职业——创新创业	《赢在中国》	141	否	《天生我有才》	1340	否
				《梦想合伙人》	349	否
才艺表演——才艺比拼	《狗狗冲冲冲》	172	否	《掌声响起来》	354	否
曲艺杂技	《我爱满堂彩》	792	否	《我爱满堂彩》	1281	否
探索调查	《撒贝宁时间》	428	否	《撒贝宁时间》	578	否
励志挑战	《吉尼斯中国之夜》	120	否	《吉尼斯中国之夜》	195	否
				《挑战不可能》	715	是
				《超级战队》	1083	否

续表

	2014 年			2015 年		
节目类别	节目名称	节目时长（分钟）	是否引进/疑似模仿/海外参与制作	节目名称	节目时长（分钟）	是否引进/疑似模仿/海外参与制作
衍生节目	《开讲大时代》	60	否	《我们的偶像》	74	否
	《探秘星跳跃》	28	否	《不能说的秘密》	202	否
	《真声音》	44	否	《跑男来了》	75	否
	《跑男来了》	26	否	《真声音》	69	否
				《燃烧吧大脑》	68	否
				《歌王来了》	64	否
				《直通超级演说家》	156	否
	2015 年			2016 年		
节目类别	节目名称	节目时长（分钟）	是否引进/疑似模仿/海外参与制作	节目名称	节目时长（分钟）	是否引进/疑似模仿/海外参与制作
文化——知识比拼	《中国谜语大会》	343	否	《汉语桥》	276	否
	《中国汉字听写大会》	118	否	《中国成语大会》	119	否
	《汉语桥》	94	否	《中国诗词大会》	399	否
	《中华好故事》	327	否	《中华好故事》	60	否
真人秀——圆梦	《遇见男神》	75	是	《遇见男神》	136	是
				《机会来了》	150	否
生活服务——育儿	《加油好 baby》	518	否	《时尚妈咪》	479	否
	《超级育儿师》	298	是	《超级育儿师》	534	是
游戏——游戏互动	《快乐大本营》	1236	否	《全家好拍档》	310	否
	《为她而战》	522	否	《快乐大本营》	1239	否
	《鸿运当头》	228	是	《王牌对王牌》	399	是
				《拜托拿稳》	450	否

续表

	2015年			2016年		
节目类别	节目名称	节目时长（分钟）	是否引进/疑似模仿/海外参与制作	节目名称	节目时长（分钟）	是否引进/疑似模仿/海外参与制作
文化——艺术收藏	《我有传家宝》	645	否	《我有传家宝》	832	否
	《天下收藏》	40	否			
竞赛竞技——体育竞技	《星球大战》	433	否	《来吧冠军》	995	否
	《巅峰拍档》	146	是	《中国冠军范》	159	否
情感——亲情	《我爱妈妈》	259	否	《八八爸爸》	405	否
	《妈妈听我说》	157	否	《妈妈听我说》	67	否
情感——矛盾沟通	《万万看不懂》	37	否	《四大名助》	1803	否
	《两代会议厅》	207	否			
真人秀——旅行	《花儿与少年》	420	是	《西游奇遇记》	768	否
	《前往世界的尽头》	452	否	《非常驾期》	300	否
	《花样姐姐》	864	是	《家游好儿女》	260	否
				《花样姐姐第二季》	562	是
				《花样男团》	432	否
晚会——节庆晚会	《元宵晚会》	602	否	《春节联欢晚会》	4176	否
	《春节联欢晚会》	149	否	《三八特别节目》	100	否
				《清明特别节目》	97	否
				《端午特别节目》	105	否
				《建军八十九周年晚会》	103	否
生活服务——家装	《梦想改造家》	211	是	《百变吧星居》	265	否
	《暖暖的新家》	378	否	《暖暖的新家》	494	否
				《梦想改造家第三季》	152	是

续表

	2015年			2016年		
节目类别	节目名称	节目时长（分钟）	是否引进/疑似模仿/海外参与制作	节目名称	节目时长（分钟）	是否引进/疑似模仿/海外参与制作
真人秀——纪录片	《客从何处来》	193	否	《文明密码》	58	否
	《一年级》	480	否	《一年级》	819	否
	《因为是医生》	226	否	《见孝见笑》	66	否
	《急诊室故事》	352	否	《急诊室故事》	353	否
	《跟着贝尔去冒险》	75	否	《生命缘》	716	否
	《生命缘第三季》	444	否	《熊猫奇缘》	210	否
				《幼儿缘》	73	否
				《长大成人之我要上珠峰》	234	否
公益——公益寻人	《等着我》	1395	否	《等着我》	2049	否
	《我要找到你》	311	否			
才艺表演——才艺展示	《传承者》	180	否	《传承者》	730	否
节庆特别节目	《状元360“五一”特别节目》	348	否	《我要上春晚》	724	否
	《我要上春晚》	260	否	《国庆七天乐》	665	否
	《天下有情人——今天不说“爱”》	206	否			
曲艺杂技	《我爱满堂彩》	1281	否	《戏苑百家——叮咯咙咚呛》	480	否
				《我爱满堂彩》	1278	否

续表

节目类别	2015年			2016年		
	节目名称	节目时长（分钟）	是否引进/疑似模仿/海外参与制作	节目名称	节目时长（分钟）	是否引进/疑似模仿/海外参与制作
演讲	《开讲啦》	699	否	《开讲啦》	808	否
	《青年中国说》	117	否	《我是演说家》	1401	否
	《超级演说家》	200	否	《说出我世界》	267	否
	《我是演说家》	578	否			
	《精彩中国说》	120	否			
美食类	《中国味道》	215	否	《透鲜滴星期天》	722	否
	《星厨驾到》	322	是	《星厨驾到》	294	是
	《国民当家菜》	307	否	《谁是你的菜》	503	否
	《幸福的味道》	242	否	《心动的味道》	165	否
				《幸福的味道》	660	否
				《疯狂的冰箱》	105	否
养成类	《青春练习生》	343	否	《夏日甜心》	934	否
	《燃烧吧少年》	254	否	《绿茵继承者》	450	否
	《星动亚洲》	959	是	《蜜蜂少女队》	948	否
	《青春星主播》	155	否	《燃烧吧少年》	1381	否
				《星动亚洲》	779	是
				《青春星主播》	264	否
				《加油！美少女》	303	是
衍生节目	《我们的偶像》	74	否	《加速进行时》	279	否
	《不能说的秘密》	202	否	《我们的歌手》	38	否
	《跑男来了》	75	否	《跑男来了》	60	否
	《真声音》	69	否	《我爱挑战第二季》	43	否
	《燃烧吧大脑》	68	否	《极限公益联欢会》	186	否
	《歌王来了》	64	否	《我们的丛林日记》	153	否
	《直通超级演说家》	156	否			

（1）新增节目类型中真人秀节目集中。2013~2016 年新增节目类型中，真人秀节目播出比重分别为 40.64%、66.04%、64.35%和 66.01%。真人秀节目不断出现新类型，也使二级分类中的真人秀节目的播出份额不断提高，从 0.63%直线上升到 19.8%，在总共 26 个二级分类中，播出份额排名从第 19 名升到第 1 名，这可能是人们得出节目同质化直观印象的原因。

（2）新增的真人秀节目类型差异性明显。虽然新增类型集中在作为二级分类的真人秀节目中，但是这些节目的三级分类差异性比较明显。如 2014 年新增的节目类型一共有 11 类，其中包括真人秀类节目 5 类，这些节目类型虽然都是节目参与者以本人身份和本人经历为题材设计的综艺节目，但是主题却包含游戏、美食、旅行、圆梦、生活体验等，这些不同的主题给观众带来的观看体验是不一样的，甚至目标市场也不同。笔者觉得不应该否定其差异性，而得出它们是同质节目的结论。

（3）引进节目模式对新类型节目的出现发挥了重要作用。我们分两种情况来验证这一点：一是仅考虑有模式版权正版引进的情况；二是将一些虽然没有引进正式模式版权但是有迹象表明是明显借鉴或模仿了国外某模式的节目[①]也考虑在内。在 2013~2016 年所有新增类型节目当中，正式模式版权引进节目的播出份额分别是 35.85%、28.57%、33.82%和 26.92%；如果加上“模仿类”节目，则份额分别是 35.85%、41.18%、33.82%和 74.24%。按两种标准看，引进模式类节目和新节目类型的出现，都发挥了举足轻重的作用，比重都没有低于 1/4。

（4）播出份额在前一年处于平均数以下，在后一年有所提高的电视节目类型（B 类点）大多数由中国原创节目所带动（见表 7-5），这说明中国原创综艺节目的水平正在不断提高，但是引进节目模式[②]也发挥了一定作用，而并未起到相反的作用。这些作用体现在以下两个方面：一是一些引进节目模式本土化节目是属于 B 类节目类型中新出现的节目，这一节目的出现增加了该类节目的播出时长及份额。比如 2012~2013 年，“竞赛竞技——体育竞技”类型节目在样本中的播出时长从 123 分钟提高到 1479 分钟，这主要是因为 2013 年出现了《中国星跳跃》和《星跳水立方》两个模式版权引进节目；2014 年《爸爸回来了》这个新出现的版权引进类节目

① 对于“明显借鉴或模仿了国外模式的节目”，我们的判别标准是：在网络上可以直接搜索到模仿证据的节目，它们或者是直接受到国外版权方的控诉，或者是被网友直接将该节目与国外某节目非常雷同的节目模式对比照片列举出来。

② 此部分分析包含了没有正式引进模式版权但是有明显模仿痕迹的节目。

使“真人秀——亲子”类型的节目播出时长从1001分钟提高到2551分钟；这种情况的节目还有2015年的《超级育儿师》《极限勇士》《花样姐姐》《跟着贝尔去冒险》《挑战不可能》和2016年的《王牌对王牌》《加油美少女》。二是引进节目模式本土化节目虽不是新出现的节目，但是其播出时长增加导致所在类型播出时长增加。如2013年的《中国好声音》，2014年的《人生第一次》《中国达人秀》，2015年的《开门大吉》《花儿与少年》《最强大脑》，2016年的《遇见男神》《超级育儿师》。总之，没有证据说明引进模式类节目导致了节目的同质化；相反，它们对节目多样化的提高发挥了作用。

五、模式贸易及引进对节目多样化的影响机理分析

上文分析表明，2012~2016年，中国综艺节目出现多样化趋势，而引进模式在其中发挥重要作用，下面我们对其影响机理进行分析：

（1）模式国际贸易带来节目模式与内容在国际范围内分工发展，使“差异性”成为独立目标。无论是在模式国际贸易出现并繁荣之前还是之后，电视节目制作都可分为三个阶段：模式研发、节目制作、后期制作。但是当模式成为单独的贸易对象后，第一阶段工作就开始单独得到重视。人们必须找到与以往节目有实质区分的“差异性”才能形成版权。而在没有模式贸易之前，节目研发过程可能更多考虑的是“能否受欢迎”以使节目盈利，“差异化”可能存在也可能不存在，即使存在，也是为了节目盈利这个目标服务，在它不利于盈利目标实现时，“差异化”就可能被舍弃，“同质化”就成为理性选择。但是在节目模式成为单独交易的“版权产品”之后，“差异化”就成为节目研发过程中一个单独的目标，因为它是形成版权的必要条件，而版权是带来收入和利润的重要来源。

为了形成足够的“差异化”，模式研发方引入一些可引发观众兴趣和互动的新元素，并形象地称其为“引擎”（Engine），如百万美元奖金、潜在冲突和囚徒困境、求救方式与豁免机会、异域或熟悉的地点、角斗士元素、表演性和真实性、家居翻修、DIY与自我完善、家庭参与等（Keane，2007）。其实，在一个频道数量不断增加、竞争不断激烈的背景下，创新与模仿之间的天平越来越倾向于模仿，因为模仿的风险小，创新则容易被“搭便车”。模式版权的形成正是应对创新不足的一种新的制度安排和解决方案，在创新可能更快、更广泛被模仿的情况下，为创新提供一种新的激励。

当不同的节目引擎被逐渐推出并引入各种节目类型时，原有节目就出现新面貌。如当家居翻修被引入信息类节目中时，纪录片就变成了真人秀；而当角斗士元素被引入装修节目中时，信息类真人秀就变成了信息挑战类节目，参与者需要在规定时间内或者预算约束下装修房子来进行比赛。当角斗士元素被引入音乐类节目时，就产生了风靡全球的《偶像》模式，在中国引起疯狂收视的《超级女声》中引入的 PK 环节，也使音乐竞赛和以前大不相同，甚至将体育比赛中的“竞争均衡”概念引入音乐节目当中。节目环节的设计逐渐复杂且富有创意。中国最早引进的模式之一就是《芝麻街》，中国版的《芝麻街》改变之前从成人视角制作儿童节目的状况，开始从孩子的角度出发制作儿童节目。

（2）模式国际贸易的出现改变了节目制作规模经济发生的条件，小制作节目也可能通过模式贸易在世界各地获取更多收入，使创新和差异性在世界各地“点式”出现，并最终导致专门以“模式创新”为目标的大型集团出现。由于必须依赖某一地区观众的收视，电视节目创新一直是“小步渐进”的，与电影以及其他付费媒体相比，一直给人以模仿有余、创新不足的印象（Keane，2007）。模式贸易出现后，这种“保守”的创新模式得到改变。由于有了新的收入来源，“小制作节目”也有了更大的生存空间。换句话说，它改变了电视节目制作规模经济发生的条件。例如，以往荷兰一家电视制作机构主要市场在规模不大的国内，因此其节目创新就不可能太大胆，因为它必须要考虑创新节目在荷兰国内的被接受度，如果被接受度不高，就面临巨大风险。但有了模式贸易后，这家荷兰公司所面临的观众群体就不再限于国内，而是世界各地有可能对该模式感兴趣的人群，这些人群有可能在各国都是“利基市场”，集聚在一起有可能支撑较大的制作成本，降低风险。这最终促使专门从事模式研发的国际性公司出现并不断壮大，它们的核心任务就是“创造多样化”，它们是“创造多样化”的专业机构。

（3）“模式国际授权”促使研发方必须要在国际范围内推广差异性（Keane，2007），使差异化不仅在原创国实现，也被推广到模式引进国。由于模式授权更多发生在国家间，而非一国内，所以模式研发者从一开始就要考虑模式的“国际通用性”。换句话说，模式间的差异性也必须是在国际间具有可交易性的，或者说差异点必须是可本土化的，才有可能在模式国际贸易中被买方接受。在没有模式国际贸易前，由于节目成品出口的可能性不大[①]，而模式本身就是成品的一部分，所以模式也只需要考虑国内观众的接受度就可以了，但是一旦人们预期到模式本身有很大可能独立出口来获利，甚至模式出口收入构成节目收入的主要部分，那模式研发者就需要同时考虑两个因素：一是要有足够的差异性来形成版权；二是差异性不仅要能被国内接受，也要能被模式潜在的被授权方所接受。此时差异性就可以被传导到节目被授权国。

(4) 模式国际贸易的实践促进“模式版权保护机制”被推广到各国，帮助模式引进国逐步形成知识产权保护的需求和环境，使“差异化”创新具备更好、更稳定的制度环境。首先，引进方学习到的不仅是节目模式制作方面的经验，也积累了版权形成及授权方面的经验，在以后的原创模式授权过程中能发挥作用。其次，由于模式引进需要非常显性的成本，所以当引进国有人抄袭或模仿同一模式时，正版引进者就有激励去控诉甚至打官司，从而对知识产权保护形成实质性的需求，这一过程有助于国内知识产权保护机制的讨论和完善，将模式差异性及多样化制度化和常态化。如果人们对知识产权保护连争议的需求都没有，那知识产权保护机制和法律就没有存在的实质性意义。国际经验也表明，模式版权保护的法律环境正是在不断的争议和诉讼中逐渐清晰和完善的。如中国近年来开始引进国外节目模式，相应的版权争议也开始出现，并带动了学术界对模式版权的大讨论。最后，再深入讨论，一旦模式版权保护的国内环境得以形成并完善，又会进一步促进电视节目的“模式与内容分离及专业化发展”，这种趋势在国内也开始出现，甚至产生了专门从事模式创新的本土化公司，从而形成良性循环。

值得一提的是，如果发展顺利，中国在形成这种良性循环的过程中具有非常突出的优势，因为中国国内市场规模巨大，各个省又有不少“地面频道”，虽然它们是以本省观众为受众，但是中国很多省的经济规模已经与欧洲一些国家经济规模类似，完全足够成为创新节目模式的“试验场”，在中国电视频道竞争日益激烈的情况下，这既可以成为地面频道的生存之道，也可以成为以全国观众为目标的卫视频道跨越式发展的机遇，因为卫视频道可以购买经地面频道试验成功的模式，在降低风险的情况下增加预算，制作升级版。例如，湖南卫视就曾经以省内地面频道的成功节目为基础，制作卫视节目并取得了成功。近年来，中国卫视综艺节目大量引进韩

① 节目模式贸易主要是由出口并不突出的欧洲电视节目制作者推动的，所以出口不是一个重要影响因素。

国模式，其实在国内模式版权保护完善的情况下，卫视节目模式的来源方完全可以不是韩国，而是一个和韩国经济体量差不多的省级地面频道。这种情况之所以没有发生，原因有多方面，但其中之一可能就是国内并没有形成一个好的版权保护环境以及交易市场。

六、结论与探讨

本书的实证分析可得出如下结论：第一，2011~2016 年，从一级分类角度看，中国电视节目多样化下降，同质化上升，主要原因是综艺节目播出比重大幅提高。第二，从二级和三级分类来看，中国电视节目多样性在提高，综艺节目内容种类增加。第三，没有证据表明引进节目模式使综艺节目更加同质化；相反，从三级分类情况分析来看，引进节目模式在中国综艺节目多样化过程中发挥了重要作用。引进节目模式当中，真人秀节目比重较高，这可能是导致人们产生“引进模式带来节目同质化”印象的重要原因，但是真人秀的主题各有不同，不能笼统称其为同质化节目。本书的理论分析表明，全球范围节目模式国际贸易的发展，使节目创新的保护和国际流动产生了一个系统和流程，这有助于节目制作过程中模式与内容的分工和贸易，有助于在全球范围内收获规模经济效应的同时，将多样化传播到世界各地。

笔者认为，引进模式是中国电视节目发展完善过程中的一个重要环节，它的重要意义并不仅限于节目创新，更重要的是帮助形成模式版权保护的国内环境，从而为节目模式原创创造一个优质的环境（罗立彬，2016b）。中国综艺节目的发展从早期的“山寨”国外节目阶段过渡到引进国外节目模式版权的阶段，这是迈向节目原创的一个必要步骤，也是一个进步，在短期内引进大量国外节目模式是阶段性的正常现象，如果因此就加以限制，很可能将中国电视节目产业重新带回到之前的“山寨”阶段。

参考文献

[1] [日] 增田弘道. 日本动漫产业的商业运作模式 [M]. 李希望译. 北京：龙门书局，2012.

[2] [以] 埃尔赫南·赫尔普曼，[美] 克鲁格曼. 市场结构和对外贸易：报酬递增、不完全竞争和国际经济 [M]. 尹翔硕，尹翔康译. 上海：格致出版社，上海三联出版社，上海人民出版社，2014.

[3] [英] David Hesmondhalgh . 文化产业 [M]. 廖珮君译. 台北：韦伯文化国际有限公司，2006.

[4] Burde, Andrew E. The Music Industry, A Handbook of Cultural Economics (2nd edition) [M]. Cheltenham, UK & Northampton, MA, USA, Edward Elgar, 2011.

[5] Bala, Venkatesh and Ngo Van Long. International Trade and Cultural Diversity with Preference Selection [J]. European Journal of Political Economy, 2005 (21): 143-162.

[6] Chalaby, Jean K. The Advent of the Transnational TV Format Trading System: A Global Commodity Chain Analysis [J]. Media, Culture & Society 2015, 37 (3): 460-478.

[7] Chalaby J. K. At the Origin of Global Industry: The TV Format Trade as an Anglo-American Invention [J]. Media Culture & Society, 2012, 34 (1): 36-52.

[8] Chalaby J. K. Drama without Drama: The Late Rise of Scripted TV Formats [J]. Television & New Media, 2015, 17 (1).

[9] Chapaby, Jean K. The Making of an Entertainment Revolution: How the TV Format Trade Became a Global Industry [J]. European Journal of Communication, 2011, 26 (4): 293-309.

[10] Curtin M. and J. Shattuc. The American Television Industry [M]. UK: Palgrave Macmillan, 2009.

[11] De Bruin, Joost. NZ Idol: Nation Building Through Format

Adaptation in Tasha Oren and Sharon Shhaf (eds.), Global Television Formats: Understanding Television Across Borders [M]. London: Routledge, 2012.

[12] Esser A. and Jensen P. M. The Use of International Television Formats by Public Service Broadcasters in Australia, Denmark and Germany [J]. The International Communication Gazette, 2015 (4): 1-25.

[13] Francois, Patrik and Tanguy van Ypersele. On the Protection of Cultural Goods [J]. Journal of International Economics, 2002 (56): 424-440.

[14] Freedman, Des. Who Wants to be a Millionaire? The Politics of Television Exports [J]. Information Communication and Society, 2003, 6 (1): 24-41.

[15] Fu W. W. and Lee T. K. Economic and Cultural Influences on the Theatrical Consumption of Foreign Films in Singapore [J]. Journal of Media Economics, 2008, 21 (1): 1-27.

[16] Gunther G. Schulze. International Trade. A Handbook of Cultural Economics (Second Edition) [M]. UK: Northampton, 2011.

[17] Havens, Timothy. Global Television Marketplace [M]. London: British Film Institute, 2006.

[18] Hoskins C., Mirus R. Reasons for the U. S. Dominance of the International Trade in Television Programs [J]. Media Culture & Society, 1988, 10 (4): 499-504.

[19] Hoskins C., Mirus R. and Rozeboom W. US Television Programs in the International Market: Unfair Pricing? [J]. Journal of Communication, 1989, 39 (2): 55-75.

[20] Janeba, Eckart. International Trade and Consumption Network Externalities [J]. European Economic Review, 2007 (51): 781-803.

[21] Katz Michael L. and Shapiro Carl. Technology Adoption in the Presence of Network Externalities [J]. Journal of Political Economy, 1986, 94 (4): 822-841.

[22] Keane M., Fung A. and Moran A. New Television, Glocalisation andthe East Asian Cultural Imagination [M]. Hong Kong: Hong Kong University Press, 2007.

[23] Keane M. As a Hundred Television Formats Bloom, a Thousand Television Stations Contend [J]. Journal of Contemporary China, 2002, 11 (30): 5-16.

[24] Mas-Colell A. Should Cultural Goods Be Treated Differently? [J].

Journal of Cultural Economics, 1999, 23 (1): 87-93.

[25] M. Curtin and J. Shattuc. The American Television Industry [M]. London BFI Publishing, 2009.

[26] Moran, Albert. Copycat TV: Globalisation, Program Formats and Cultural Identity [M]. University of Luton Press, 1998.

[27] PACT. Independent Production Sector Financial Census and Survey 2011 [EB/OL]. http: //www. pact. co. uk/support/document-library/documents/2011-census-summary/.

[28] Pact. A New Age of UK TV Content Creation and A New Role for the BBC [EB/OL]. http: //www. pact. co. uk/support/document- library/documents/bbc- oando- full- report/, August, 2014.

[29] Rauch, James E. and Vitor Trindade. Neckties in the Tropics: A Model of International Trade and Cultural Diversity [J]. Canadian Journal of Economics, 2009 (42): 809-843.

[30] Richardson M., Wilkie S. Faddists, Enthusiasts and Canadian Divas: Broadcasting Quotas and the Supply Response [J]. Review of International Economics, 2015, 23 (2): 404-424.

[31] Rosen, Sherwin. The Economics of Superstars [J]. American Economic Review, 1981 (71): 845-858.

[32] Sharon Shahaf, American Dreams: Israeli Formats: How Israeli TV Became a U. S. Success Story [EB/OL]. http: //flowtv. org/2012/04/american-dreams-israeli-formats/June 2015.

[33] Shu-Chu Sarrina Li, Chin-Chih Chiang. Market Competition and Programming Diversity: A Study on the TV Market in Taiwan [J]. Journal of Media Economics, 2001, 14 (2): 105-119.

[34] Stigler, George and Gary Becker. De Gustibus Non EstDisputandum [J]. American Economic Review, 1977 (67): 76-90.

[35] Withers, Glenn and Alford, Katrina. Broadcasting, A Handbook of Cultural Economics (2nd edition) [M]. Cheltenham, UK & Northampton, MA, USA, Edward Elgar, 2011.

[36] Walter McDowell, and John Sutherland. Choice Versus Chance: Using Brand Equity Theory to Explore TV Audience Lead-in Effects, A Case Study [J]. Journal of Media Economics, 2000, 13 (4): 233-247.

[37] Waterman D. and Rogers E. M. The Economics of Television Program

Production and Trade in Far East Asia [J]. Journal of Communication, 1994, 44 (3): 89-111.

[38] 陈飞宝. 当代台湾媒体产业 [M]. 北京: 九州出版社, 2014.

[39] 陈珂. 中国电视节目引进国外模式现象解析 [J]. 赤子, 2013 (5): 40-41.

[40] 陈若愚. 中国电视收视年鉴 (2015) [M]. 北京: 中国传媒大学出版社, 2015.

[41] 段菁菁, 韩青青. 电视节目模式"买无所买", 我国原创在哪儿 [J]. 新华每日电讯, 2015 (1).

[42] 冯哲辉, 胡迪, 引进节目的本土化创新策略研究——以《爸爸去哪儿》为例 [J]. 大舞台, 2018, 357 (6): 79-83.

[43] 仝华. 风生水起的以色列电视节目创意 [J]. 共产党人, 2014 (24).

[44] 高雅靓. "大片时代"电视综艺节目经营模式的特点——以《中国好声音》和《快乐男声》对比为例 [J]. 东南传播, 2014 (4): 66-68.

[45] 洪铭铧. 超越台湾节目: 中国综艺节目来势汹汹 [EB/OL]. 联合早报网, http://www.zaobao.com/culture/entertainment/others/story20150703-498623, 2015-07-03.

[46] 蒋晴. 海外节目模式引进及其对我国电视娱乐节目市场结构的影响 [D]. 湖南大学硕士学位论文, 2015.

[47] 李怀亮. 多维视野下的国际电视节目市场——西方国际电视节目贸易研究综述 [J]. 现代传播, 2004 (6).

[48] 刘承韪, 吕冰心. 论电视节目模式的著作权法保护 [J]. 法学论坛, 2018, 33 (2): 19-28.

[49] 刘俊, 胡智锋. 多元类型的"井喷": 中国电视综艺节目内容生产的新景观 [J]. 中国电视, 2015 (2).

[50] 罗立彬. 模式引进与中国电视节目出口——加入本地市场效应的研究 [J]. 文化产业研究, 2017 (2): 214.

[51] 罗立彬. 文化市场营销学 [M]. 北京: 高等教育出版社, 2013.

[52] 罗立彬. 电视节目模式国际贸易: 动因及对全球电视节目产业的影响 [J]. 文化产业研究, 2016 (1).

[53] 罗立彬. 电视节目模式由引进到原创: 理论与案例分析 [J]. 中国文化产业评论, 2016 (1): 311-324.

[54] 江小涓. 服务全球化的发展趋势和理论分析 [J]. 经济研究,

2008（2）：4-18.

［55］江小涓. 服务外包：合约形态变革及其理论蕴意——人力资本市场配置与劳务活动企业配置的统一［J］. 经济研究，2008（7）：4-10，64.

［56］江小涓. 服务业增长：真实含义、多重影响和发展趋势［J］. 经济研究，2011，46（4）：4-14，79.

［57］任拯廷，俞毅. 收视率导向下的台湾综艺节目困境［J］. 青年记者，2012（10）：7-8.

［58］润雨. 全球电视广告市场仍较快增长［J］. 卫星电视与宽带多媒体，2009（7）：35-39.

［59］王思辰. 浙江卫视《中国梦想秀》调查报告——兼议中国电视娱乐节目行业的问题与出路［D］. 兰州大学硕士学位论文，2014.

［60］王玉奇. 电视节目模式法律保护研究——从《中国好声音》说起［J］. 电视研究，2018，348（11）：42-43.

［61］汪恒. 海外电视节目模式在中国引进与流行的原因分析［D］. 浙江大学硕士学位论文，2014.

［62］汪灵犀. 台湾艺人西进寻找新天地［EB/OL］. 人民网，http：//tw. people. com. cn/GB/n1/2015/1214/c14657-27923857. html，2015-12-14.

［63］吴坤埔. 电视综艺节目的海外引进和知识产权保护［J］. 当代电视，2014（7）：24-25.

［64］武婉玉. 关于中国电视综艺节目引进现状的思考［D］. 河北大学硕士学位论文，2015.

［65］叶立. 现象级综艺节目的凤凰涅槃［J］. 东南传播，2017（6）：100-102.

［66］创意经济报告 2013（中文版）［M］. 联合国教科文组织和联合国开发计划署. 意娜等译. 北京：社会科学文献出版社，2014.

［67］殷乐. 电视模式产业发展的全球态势及中国对策［J］. 现代传播（中国传媒大学学报），2014，36（7）：106-111.

［68］袁靖华，邢瀚元. 全球竞争时代我国电视业的节目模式之困及出路［J］. 浙江传媒学院学报，2014，21（4）：119-127.

［69］曾绍武. 论电视节目模式创新的影响因素——由辽宁广播电视台《激情唱响》创新实践想到的［J］. 当代电视，2012（2）：64-65.

［70］张常珊. 关于国外电视节目模式版权引进的观察与思考［J］. 中国广播电视学刊，2013（6）：38-42.

［71］张建珍，彭侃. 电视节目模式国际贸易发展简史［J］. 新闻春秋，2013（2）：65-71.

［72］周端明. 语言的经济学分析框架［J］. 江苏行政学院学报，2005（3）：31-35.

后 记

本书在写作过程中需要查找的文献、资料和数据很多，一些章节需要做的实证分析工作量也较大，除了我自己的努力之外，我的硕士研究生也做了很多工作。第四章中关于模式引进与中国电视节目出口的实证研究，涉及大量的节目原始数据的录入、分类和时长统计，刘四丽、葛亚莉和吕兰三位同学对此贡献很大；第六章引进节目模式对中国电视节目受欢迎程度的影响，计量分析涉及大量的数据整理、分类以及计量运算操作，刘尧尧对此有重要贡献，汪浩对文字校对和格式整理也有贡献；第七章引进节目模式与中国电视节目多样性，涉及大量节目的分类和时长统计，以及相关指标运算，李天昊对此有重要贡献，王牧馨对文字校对和格式整理也有贡献；本书成稿之后，宋晋冀对整个文稿校对以及部分格式调整也给予了帮助，在此一并表示感谢。同时，感谢经济管理出版社对本书出版做出的相关工作。本书是国家社会科学基金重大委托项目“网络与数字时代增强中华文化全球影响力的实现途径研究”的阶段性成果（项目批准号18ZDA341）；同时受到了北京第二外国语学院2018年度教师科研能力提升计划之种子计划经费（545001/45）的资助。

本书不当之处在所难免，敬请读者批评指正，先行致谢。

罗立彬

2020年2月15日